L'INQUISITION

DES

LIVRES A TOULOUSE

AU XVIIe SIÈCLE

PAR

M. DESBARREAUX-BERNARD.

L'INQUISITION

DES

LIVRES A TOULOUSE

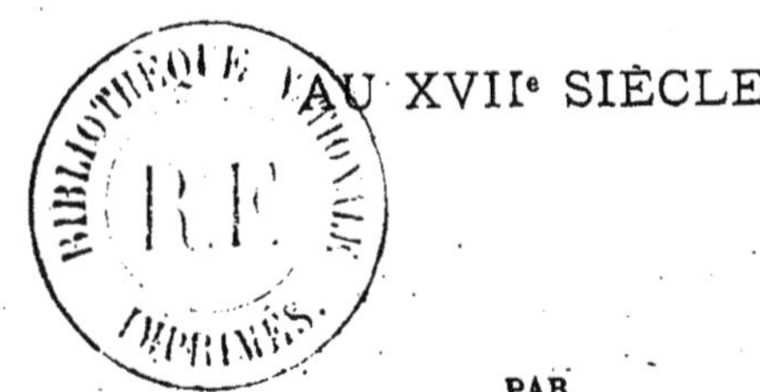

AU XVIIe SIÈCLE

PAR

M. DESBARREAUX - BERNARD.

Extrait des Mémoires de l'Académie des Sciences, Inscriptions et
Belles-Lettres de Toulouse.

7ᵉ SÉRIE, TOME VI, pag. 330 à 384.

L'INQUISITION DES LIVRES A TOULOUSE

AU XVIIᵉ SIÈCLE

« Toutes ces brûleries sont si bêtes
qu'elles ne font plus que me faire rire. »
J.-J. ROUSSEAU.

Le travail que j'ai l'honneur de présenter à l'Académie est une vieille dette dont j'avais à cœur de m'acquitter.

Il y a quatre ans, dans ma *Notice sur Jacques Ferrand,* je vous ai donné connaissance de plusieurs pièces relatives à la condamnation du livre de ce médecin agenois. Parmi ces documents, découverts dans les archives du département, par notre confrère M. Baudouin, s'en trouvaient d'autres concernant la saisie et le brûlement d'une certaine quantité de livres; et comme je m'étais, en quelque sorte, engagé à vous les communiquer, je viens remplir ma promesse aujourd'hui.

La saisie de ces livres était la conséquence des mesures prescrites par les actes du Concile de Trente, pour la visite des boutiques de libraires, *bibliothecæ librorum venalium sæpiùs visitentur.* Le Parlement de Toulouse, qui veillait avec une scrupuleuse exactitude à leur exécution, rendit, à cet effet, en 1619, un arrêt dont je donnerai plus loin la teneur.

Ce n'était pas la première fois qu'une semblable mesure avait été prise à Toulouse, et ce qui s'est passé en 1619, s'était déjà passé en 1542.

M. E. de Fréville, ancien élève de l'Ecole des Chartes, a découvert dans l'immense recueil du président Doat (1), au sujet de ce petit drame inquisitorial, un document fort intéressant. « Il est composé, dit M. de Fréville, de deux parties. La première est un mandement de l'inquisiteur de Toulouse, par lequel il est enjoint aux ecclésiastiques de la province d'avoir à annoncer l'obligation pour chacun : 1° de donner au tribunal de l'Inquisition toute espèce de renseignements sur les cinq cents réformés, dont la liste avait été publiée précédemment, et qui sans doute étaient pour la plupart en fuite ; 2° de fournir au même tribunal les noms des particuliers et des libraires, qui vendaient et qui lisaient des livres hérétiques ; 3° de remettre à l'inquisition tous les ouvrages entachés d'hérésie.

La seconde partie de notre document, ajoute M. de Fréville, est un véritable *Index librorum prohibitorum*, rédigé sans beaucoup d'ordre, comme l'étaient les premiers *Index*. »

La brochure de M. de Fréville (2), qui n'a été tirée qu'à cent exemplaires, ayant déjà vingt ans de date, et les curieux de ces sortes de pièces n'ayant pas, en général, ni les loisirs, ni le temps nécessaire pour compulser les 258 volumes in-folio dont se compose la collection manuscrite de Doat, j'ai jugé convenable et utile de reproduire ici cette seconde partie.

Comme le dit M. de Fréville, laissons parler l'inquisiteur :

« Pierre Vidal de Becanis, de l'ordre des Prescheurs, docteur en saincte Théologie, provincial de la province Tholosaine, conseiller du Roy, nostre Sire, de la dampnée et maulvaise hérésie générale inquisiteur en tout le royaume de France par le Sainct Siége apostolique et auctorité royalle specialement

---

(1) En vertu d'une Commission du Roi, contresignée Colbert, et datée de l'an 1667 environ, (le Prince, *Essai historique sur la Bibl. du Roi,* p. 205), Jean de Doat, président en la Chambre des comptes de Navarre, avait été chargé de rechercher et de faire copier dans les archives royales, municipales, ecclésiastiques et séculières des provinces de Languedoc et de Guyenne, tous les livres concernant les droits du Roi et de la couronne, ou pouvant servir à l'histoire: Cette mission produisit 258 volumes, qui portent à la Bibliothèque nationale le nom de *Collection Doat.*

(2) *Extr. du Bulletin de la Société de l'Histoire du protestantisme français.*

député (1), en Tholose communément résident, à tous prestres, curés, vicayres, clercs solutz ou autres sur ce requis, salut.

« Nous vous mandons et commandons, sur peine d'excomuniement et de vingt-cinq marcs d'or au Roy, nostre Sire, et à la prosécution des hérétiques applicquer, à la requeste du procureur du Roy, vous admonestez péremptoirement, par toute perfection (sic) et [sans] delay, tous et chascungs personnaiges, de quel estat et condition que soyent, sur peine d'excomuniement et d'estre attainctz et convaincus du crisme de hérésie, que, dans quatre jours après la publication des présentes, ayent à venir dire et reveller, pardevant le commissaire à ce par nous commys et député en nostre maison de saincte inquisition, s'ilz sçavent aulcungs personnaiges, dequel estat et religion ou condition qu'ilz soyent, du rolle des cinq cens nouveaux chrestiens de Tholoze ;

» Item, qui, depuis trois ans ença, ayent eu ny tenu aucungs des livres, cayers, œuvres, sermons, commentaires, traductions, chansons spirituelles ou noëlz ci-dessoubz escriptz et insérés, et des aucteurs ou imprimeurs ici-dessoubs nommez et specifiez ;

» Item, qui sçauroit aucun librayre ou aultre personne de quelque estat [ou] condition qu'il soit, qui, depuis ledit temps, auroit eu, vendu ou achepté, imprimé ou faict imprimer, relié ou faict relier aulcung desdictz livres specifiez et nommés cy-après.

» Item, admonestez, tous et chascungs, les personnes de quel estat et condition qu'il soi [en] t, que, dans ledit delay de quatre jours, s'ilz ont aulcungs desdictz livres, ayent iceulx aporter ou envoyer par devant nous ou nostre dit commissaire, sur ladicte peine d'excomuniement, et, passé ledict delay, estre tenuz pour convaincuz et attainctz dudict crime de hérésie, comme faulteurs des hérétiques, declarant, en vertu des presentes, tous sçavantz, consentantz et non revellans [subjets] d'avoir encouru, dès à présent comme pour lors, passé ledict delay, lesdictes

____

(1) Il avait été nommé *inquisiteur général de la Foy du Royaume de France*, au *siége de Tholouze*, par lettres patentes de François Ier, en date du 11 mars 1535.

peines, sur lesquelles mandons et commandons à tous feaulx chrestiens que à vous, en ce faisant, soit obey;

» Et voulant les presentes estre leues, publiées et executées partout, sans lettres de *pareatis*, insinuation ni aultre empeschement quelconque. »

Suit le catalogue de 77 ouvrages et celui de 22 chansons dont M. de Fréville nous donne les titres, qu'il a quelquefois accompagnés de courtes notes bibliographiques. Ces notes font regretter que l'auteur de *la Police des livres au* xvie *siècle*, c'est le titre de son Mémoire, n'ait pas suivi l'idée qu'il avait d'abord conçue « de donner, sous le nom de chaque auteur, une liste des éditions *princeps* de ses ouvrages. » M. de Fréville abandonna ce travail, sous ce prétexte « qu'il aurait toujours été incomplet, faute de pouvoir se procurer divers ouvrages publiés en Allemagne. »

J'avouerai franchement que je n'ai pas eu ce scrupule et tout ce que j'ai trouvé à dire d'intéressant, soit au point de vue bibliographique d'abord, soit à tout autre point de vue, sur les livres saisis ou brûlés, je l'ai dit. Quant à croire mon travail complet, Dieu m'en garde !

Pages 5 et 6 de sa brochure, M. de Fréville, à propos du dépouillement des manuscrits de Doat, s'exprime ainsi : « ... Il n'y en a point, à la vérité, où le papier soit plus fort, l'écriture plus grosse et plus lisible, mais aussi je crois qu'il n'y en a guère où les copistes aient plus clairement affiché leur ignorance, où les textes aient été altérés d'une manière plus fâcheuse. »

En parcourant le catalogue des livres saisis chez les libraires de Toulouse, ou brûlés, en 1649, par les inquisiteurs, j'ai plus d'une fois maudit les copistes qui avaient altéré les titres des ouvrages ou estropié le nom de leurs auteurs au point de les rendre indéchiffrables.

Eh bien, en y réfléchissant sérieusement, j'ai compris qu'il ne fallait pas trop accuser ces malheureux copistes, greffiers ou secrétaires du Saint-Office, par la raison qu'ils ne copiaient pas, mais qu'ils écrivaient leurs catalogues sous la dictée des commissaires enquêteurs.

C'est un fait qu'il est, je crois, facile de démontrer ; quelques exemples suffiront pour cela.

« L'écriture était grosse et des plus lisibles, » nous dit M. de Fréville ; par conséquent on ne peut pas douter que les copistes, scribes, greffiers ou secrétaires, sussent parfaitement lire. J'ajouterai même que ceux qui ont écrit le catalogue des livres saisis en 1619, avaient une certaine instruction, puisqu'à part quelques noms étranges, et quelques titres qui ne leur étaient pas familiers, ils se sont rarement trompés en reproduisant, sous la dictée des commissaires enquêteurs, le grand nombre d'articles sur lesquels j'appelerai bientôt votre attention. Comment croire alors qu'ils aient pu écrire : *Le Bocamberon*, le *de Camberon* ou *le Camberon de Bouccace*, s'ils avaient eu sous les yeux ce titre si facile à copier : *Le Décaméron de Boccace* ?

Pour moi qui, depuis mon bas âge, ai conservé le souvenir de la manière dont nos pères accentuaient, hélas ! le français, il me semble entendre l'un de ces commissaires dicter, ainsi, à haute voix, ce même titre : « *Lé Décaméron de Bouccace ?* »

Je citerai encore un autre exemple, mais je le prendrai, cette fois, dans le catalogue de l'inquisiteur *de Becanis*, p. 14, du mémoire de M. de Fréville.

Le n° 12, porte le titre suivant : Corostiani Krastiani, deux mots qui, suivant M. de Fréville, ne sont d'aucune langue, ce que j'accorde.

Voyons maintenant s'il existe un titre, qu'un copiste *sachant lire* eût pu estropier ainsi.

Ce titre, je crois l'avoir trouvé, précisément à la p. 23, sous le n° 73 du même catalogue. Le voici : Cato Christiani.

Comment de *Cato Christianus*, ou *Christiani*, a-t-on pu faire *Corostiani Krastiani?* Le secrétaire seul de l'inquisiteur de Becanis pourrait nous le dire, et je me garderai bien de m'égarer, à ce sujet, dans de vagues suppositions.

Je demanderai pourtant la permission d'en faire une seule. Quoique je n'aie jamais vu les manuscrits de Doat, j'affirmerai presque qu'il y a, sur les deux mots en question, une ou plusieurs surcharges. Le scribe ayant mal entendu, et comprenant qu'il s'était trompé, a vivement bâtonné les mots qu'il venait de tracer.

Toujours est-il qu'un copiste n'aurait jamais écrit couramment, en copiant, *Corostiani Krastiani* pour *Cato Christiani*.

Si cette solution ne satisfaisait pas complétement M. de Fréville, je lui en proposerais une autre.

J'ai trouvé, dans l'*Index librorum prohibitorum de* 1704, le titre suivant : *Christiani Kortholti valerianus confessor, hoc est solida demonstratio, quod ecclesia romana hodierna non sit vera Christi ecclesia.*

J'avouerai, toutefois, qu'il y a quelque différence entre le *Corostiani Krastiani* et le *Kortholti Christiani*, mais, comme on le dit proverbialement : *On se ressemble de plus loin.*

Dans le catalogue des livres saisis ou brûlés, en 1649, à Toulouse, il existe une vingtaine d'articles que je n'ai pas pu, ou que je n'ai pas su déterminer : les uns par altération, insuffisance de titre, ou absence du nom d'auteur ; les autres, en très-petit nombre, par suite de noms propres estropiés et impossibles à déchiffrer. Mais si j'avais à formuler, à ce sujet, une accusation, ce ne serait pas sur les scribes qu'elle tomberait, mais bien sur les membres de la Commission d'enquête qui, chargés d'aller de boutique en boutique exécuter, chez les libraires de Toulouse, l'arrêt rendu par le Parlement de cette ville, ne se sont pas donné la peine de rectifier les titres des ouvrag s si malencontreusement altérés.

En terminant ces quelques mots de préface, je ferai remarquer qu'il m'eût été impossible d'atteindre le but que je m'étais proposé, si je n'avais eu recours aux *Index libr. prohib..* Eux seuls m'ont fourni bien des renseignements que j'avais, en vain, cherchés ailleurs ; et quelques vagues que soient, fort souvent, les renseignements fournis par ces sortes de livres, ils ont, parfois, à l'aide d'un nom propre, d'un nom de famille, d'un pseudonyme même, éclairé ma route et dirigé mon esprit prêt à se fourvoyer.

Malheureusement le peu de ressources qu'offrent, en général, aux travailleurs, les bibliothèques de province, ne leur permettent guère d'entreprendre ce genre de recherches.

Je constaterai même que plusieurs ouvrages spéciaux m'ont manqué pour rendre mon travail plus complet.

Je ne me plaindrai pas trop cependant, car j'ai trouvé, dans la bibliothèque de Toulouse, *quatre Index lib. prohib.* de différentes époques, qui m'ont été fort utiles. J'ajouterai, puisque j'en trouve l'occasion, que, grâce aux soins et à l'activité de M. Pont, nous possédons, depuis peu d'années, une collection fort remarquable de traités, anciens et modernes, sur la science des livres, la bibliographie, ce répertoire général de toutes les connaissances humaines.

L'ordre que j'ai suivi, dans mon travail, m'était logiquement indiqué par la nature des pièces à produire. En voici l'énumération : 1° *Arrêt du Parlement de Toulouse pour la visite des boutiques de libraires ;* 2° *Etat des livres remarqués chez les libraires de Toulouse, que le vicaire général et l'inquisition ont retenus pour être soumis à divers docteurs ;* 3° *condamnation et brûlement de divers livres par ordre des vicaires généraux et de l'inquisition* (1).

Pour éviter les répétitions, je réunirai dans un seul catalogue tous les livres saisis chez les divers libraires de Toulouse, et je placerai, immédiatement après le titre de chaque ouvrage, tel qu'il a été formulé par les commissaires enquêteurs, le commentaire qui le concerne.

Arrêt du Parlement de Toulouse pour la visite des boutiques de libraires.

« Samedi XXVIe d'octobre mil VI^c. XIX, en la Chambre de la Tournelle, présents M^r Le Masuyer, premier président ; Védelly, Rességuier, Assézat, Caulet, Mélet, Catel, de Pins, Bertrand, Barthélemy, Maussac, Prohenque, Dupin ;

(1) Aux Archives de la Haute-Garonne. FONDS DE L'ARCHEVÊCHÉ : *Documents sur Vanini.*

» Sur la requête verballement faicte par le procureur général du roy, à ce que par lung des conseillers de la Cour, soit faict vérification en toutes les boutiques des marchands libraires de la présente ville de plusieurs sortes de livres deffendus, et dont le nom est supprimé ou le lieu d'impression supposé, qu'ils exposent en vente, pour estre faicte saisie d'iceux et procédé ainsi qu'il appartiendra.

» La Chambre, séant en vacations, a ordonné et ordonne que par lung des conseillers de la Cour, appelé le vicaire général en l'archevêché de Toulouse, ou en son absence deux docteurs en théologie approuvés, sera faicte visite et vérification en toutes les boutiques des marchans libraires de la présente ville des livres qu'ils exposent en vente pour estre faicte saizie et sequestration de ceux qui se trouveront estre deffendus et l'impression d'iceulx supposée, — pour —, ce fait, et le procès-verbal remis devers la Cour et communiqué audict procureur général, estre ordonné ce qu'il appartiendra. Signé : LE MASUYER.

Etat des livres remarqués chez les libraires de Toulouse, que le vicaire général et l'inquisition ont retenus pour être examinés.

Etat des livres saisis chez les libraires, et soumis à l'examen des divers docteurs.

Cejourdhuy septiesme du moys de novembre mil six cens dix-neuf, assemblés à nostre maison du cloistre Sainct-Estienne, le R. P. Pierre Girardel, vicaire général de l'Ordre de Sainct-Dominique réformé et inquisiteur de la foy; Vital Téron et Montelz, prestres de la Compagnie de Jésus; Jacques Rey, procureur fiscal; le P. Vincens Baronius, religieux de Sainct-Dominique, lecteur en théologie; Me Daiguesplas, docteur en théologie, archiprestre de Verfueil; Me Pierre Dupont, prestre, docteur en théologie; Nous, Jean de Rudelle, prestre, docteur ez-droicts, chanoine théologal de l'église Sainct-Estienne de Tholose, et vicaire général de Messire Louis de la Valette, archevesque dudit

Tholose, leur aurions faict entendre que ayant veu les mémoires des livres remarqués en la visite des boutiques des libraires par nous faictes avec le dict R. P. inquisiteur, en laquelle ils qui sont présents, et autres docteurs absents de cette Compagnie, ont travaillé : Nous aurions estimé avec le dict R. P. inquisiteur qu'il estoit à propos d'examiner plus amplement lesdits roolles avant retirer les livres en iceux contenus, tant pour ne pas nous charger de si grand nombre, dont une partie n'ont été couchés par mémoire (aisin que nous a esté rapporté) que pour raison de quelque soubçon que concevoient pour quelque probable raison ceux qui faisoient les visites : que aussi parceque ils ont couché dans lesdits rooles plusieurs livres pour raison de la simple supposition de l'impression, lesquels d'ailleurs ne peuvent estre vitiés vraisemblablement, comme seroit l'organe d'Aristote, imprimé à Genève supposé *Coloniæ Allobrogum,* et pour raison de laquelle supposition, M. le procureur général du roy a formé instance en la Cour de Parlement.

C'est pourquoi les avons priés d'entendre la lecture des livres contenus esditz mémoires, et nous donner leur avis sur ceux qu'ils estiment que nous debvions retirer présentement, soit pour estre de telle qualité qu'ils doibvent estre plus amplement veus et examinés qui ne l'ont peu estre en ladite visite, en laquelle il est mal aisé de s'arrester longtemps, veu le grand nombre de livres contenus esdites boutiques et magasins.

Et lecture faicte dudit roolle, les susdits ont esté d'advis avec ledit R. P. Inquisiteur, de retirer les livres, *de rebus sacris,* des auciens Pères de l'Eglise, des cas de conscience, de controverse, et traictans des choses de practique de l'Eglise qui se trouveront imprimés à Genève ou *Aureliæ Allobrogum*, ou autre nom suppozé, estant nécessaire de vérifier, si les dicts livres auront esté vitiés ou corrompus, comme se vérifie au tiltre de la Bible de Pagninius, imprimée *Aureliæ Allobrogum,* ensemble les livres suivants, soit pour estre dignes de suppression, soit pour estre nécessaires de les examiner.

Signé : RUDELLE,
Vicaire général.

F. Pierre GIRARDEL,
Inquisiteur.

Et sur les deux heures après disné, nous Jean de Rudèle, vicaire général susdit, nous serions transporté, avec ledit R. P. Girardel, vicaire général de la réformation de Sainct-Dominique et inquisiteur de la foy, à la grande rue de la Porterie et boutiques des libraires, pour y prendre en icelles les exemplaires des susdits livres, et suivant les dites boutiques et magasins d'icelle, l'une après l'autre, assistés de MM. Pierre du Pont et Anthoine de Bugis, docteurs en théologie, et du R. P. Gouzenne, religieux de Saint-Dominique, avons pris les livres suivants :

DANS LA BOUTIQUE DE Me MAZARS.

1. L'inventaire de Serres, quatre volumes.

Jean de Serres échappa au massacre de la Saint-Barthélemy et devint ministre de Nimes en 1584. On prétend qu'il mourut empoisonné, en 1598, à l'âge de 50 ans.

Ce que l'on désigne communément sous le nom d'*Inventaire de Serres* (1), est son *Inventaire général de France illustré par la Conférence de l'Eglise et de l'Empire*. Saugrin, 1597, 1 tome en 2 vol. in-16.

Il existe une édition, du même imprimeur, datée de 1599. Saugrain était alors associé avec Guillaume des Rues. Elle porte, au verso du titre, le privilége du roi, accordé à Jean de Serres et valable pour dix ans. Ce privilége offre cela de particulier, qu'il a été *octroyé à Lyon le 13 de septembre mil cinq cens nonante cinq*. Et puisque l'édition de 1599 porte le privilége de Lyon, il est clair que l'édition de 1597 le porte aussi. Il est donc certain que Jean de Serres, mort en 1598, avait cédé son privilége à Saugrain.

Existe-t-il une édition de Lyon? C'est probable, mais je ne la connais pas.

L'inventaire de Jean de Serres a été continué jusqu'en 1606, 1608

---

(1) L'Avocat Loisel, grand ami de Thou, disait : « Que cet inventaire ne devait être pris que sous bénéfice d'inventaire. »

et 1612 par J. de Montlyard; continué ensuite par différentes personnes, imprimé à Paris en 1618, etc., etc.

Tous les *Index libr. prohib.* signalent l'ouvrage de Jean de Serres (Serranus), et le classent dans la première catégorie des livres prohibés.

2. Libelli aliquot formandis juvenum moribus, Joannis Carpentii.

Ce livre ne serait-il pas de Jean Carpentier ou Charpentier, historiographe et généalogiste, natif d'Abscon, près Douai?

Il était religieux à l'Abbaye Saint-Aubert de Cambrai, lorsqu'il s'enfuit en Hollande avec une femme qu'il épousa peu de temps après. Il est mort en 1670.

Les *Index libr. prohib.* sont muets sur son compte, et j'ai fait d'inutiles recherches pour retrouver le titre de son livre.

3. Thesaurus Bellicus.

Après avoir longtemps cherché le *Trésor de la guerre*, dont j'ignorais l'auteur, et sachant que ce livre avait été brûlé, je recourus à l'*Index libr. prohib.*, imprimé à Rome, en 1704, par ordre d'Innocent XI.

A la page 27, après ces mots : *Bellicus Thesaurus*, ou *Thesaurus Bellicus*, car les deux indications s'y trouvent, un bienheureux VIDE HELIÆ REUSNERI me donna la clé de l'énigme. Voici le titre exact de ce livre : *Heliæ Reusneri Leorini* (1) *Stratagematographia, sive Thesaurus Bellicus*.

J'eus moins de peine à recueillir quelques renseignements biographiques sur Reusner. Qu'on n'aille pourtant pas chercher ce nom dans Bayle, Delandine, Brunet, ou dans la *Nouvelle biographie générale*, on ne l'y trouverait pas. C'est dans le *Dictionnaire histor. et bibliogr. des personnes célèbres*, de G. Peignot (2), que j'ai relevé cette courte notice : « Reusner, né en 1555, enseigna la poésie et l'histoire à Iéna. M. en 1612. Il a écrit : *Isagoge, historia, Ephemeris seu diarium historicum, etc., etc.* » Ce dernier ouvrage se trouve aussi dans l'*Index* de 1704. Peignot ne cite pas le *Thesaurus Bellicus*.

(1) De Lowemberg , en Silésie.
(2) Il se trouve aussi dans la biographie Michaud.

Ces deux ouvrages ne se trouvent pas non plus dans les *Index* de 1758 et de 1819.

Erasme est, sans contredit, l'écrivain de son temps qui a donné le plus de besogne aux rédacteurs des nombreux *Index libr. prohib.* qui, pendant plus de trois cents ans, ont été imprimés dans diverses parties de l'Europe.

Pour donner une idée du labeur entrepris par le Conseil général de la S. inquisition d'Espagne, je ferai observer que l'article consacré à l'expurgation des Œuvres d'Erasme, dans l'*Index* publié à Madrid en 1612, occupe, dans la réimpression de Genève (1), 84 pages sur deux colonnes, et que les 28 livres des *Epistolarum* en occupent seuls 35.

Tous les *Index* ne sont pas aussi prolixes, et quelques-uns même sont rédigés avec une sécheresse et un laconisme qui désespèrent les chercheurs avides de renseignements. Celui de 1704, par exemple, a résumé dans un article de quelques lignes l'opinion et le jugement portés par la S. Congrégation de l'*Index*, sur les nombreux ouvrages d'Erasme.

Les ouvrages d'Erasme saisis ou brûlés à Toulouse, en 1619, sont les suivants :

4. Adagia Erasmi, ou Epitomæ adagiorum Erasmi.

L'*Index* de Genève 1619, après avoir sanctionné l'approbation accordée à l'édition de Paul Manuce, réprouve celle de Froben, *Bâle*, 1540, et signale les divers retranchements à opérer dans un certain nombre d'Adages.

5. Modus Orandi Erasmi

La plupart des *Index* ne signalent pas d'une manière particulière le *Modus orani*, mais ils le comprennent implicitement dans les *Opera quibus de religione tractatur*.

Le Concile de Trente a rangé cette sorte de livres dans la première classe des livres prohibés; mais tous les *Index* atténuent, par le *donec*

(1) *Index librorum prohibitorum et expurgatorum. Illust. Bernardi de Sandoval, etc. de consilio supremi senatus S. generalis inquisitionis hispaniarum. Juxta exemplar excusum Madriti apud Lud. Sanchez typographum regium, anno* CIↃ. IↃ. XII (1612), *cum appendice anni* CIC. IↃ CXIV. *Auctus B. Turrett. præfatione et hispanic. decret. latina versione. Genevæ, sumptibus Jacobi Crispimi. Anno* M. D C. XIX, in-4o.

expurgentur consacré, la rigueur du jugement porté contre plusieurs d'entre eux, et particulièrement contre le *Modus orandi.*

Les inquisiteurs de Toulouse furent moins cléments, ils le brûlèrent.

Comme tous les *Index,* celui de Genève ne cite pas le texte des passages incriminés, mais il en signale très-clairement la suppression. Pour montrer quelques exemples de la manière dont sont formulées ses décisions, je vais reproduire ici celles concernant le *Modus orandi :*

Page 918. Prope medium, post illud (*quod aiunt*), *intus canunt,* dele usque ad, *tunc maxime glorificatur,* exclus.

Page 930. Initio, post illud, *personarum mentionem,* dele usque ad, *nec in solemnibus precibus,* exclus.

Pape 933. A medio, post illud, *nec magistratus possint tollere,* dele usque ad illud, pag. Seq. à medio, *nec tamen ideo profligando,* exclus.

Page 934. Ultra medium, post illud, *nisi Christo dignum,* dele usque ad, *sed jam tempus est,* exclus.

Page 937. A medio, post illud, *sanctos appellant,* dele usque ad, *ridebatur nobis olim,* exclus.

Eod. pag. Versus finem, post illud, *Barbaro ora pro me,* dele usque ad, *poterunt et illud docere,* exclus.

Page 940. In fine, post illud, *optandum autem esset,* dele usque ad, *ut cultus qui publicitus,* exclus.

Page 943. Ultra med., post illud, *curant adesse sacro,* dele usque ad, *neq. negligendum est mos,* exclus.

Eod. pag. ad finem, post illud, *magicis simillimas preces,* dele usque ad illud pag. sub initium, *hic erat locus dicendi,* exclus.

Ce n'est pas sans intention que j'ai fait cette longue citation, car un seul exemple eût suffi pour éclairer et satisfaire l'esprit; mais j'ai voulu prouver ainsi que les inquisiteurs espagnols ont accompli le travail qu'Erasme, sur l'invitation du cardinal Cajétan, avait promis de faire, et auquel il avait déjà songé, c'est-à-dire la révision sévère de tous ses écrits,

« Erasme voulait, à l'exemple de saint Augustin, rédiger un livre » de *rétractations.* Pour mieux remplir cette tâche, il pria le Sacré » Collége de lui indiquer textuellement les passages suspects d'hérésie » et qui auraient besoin d'être revus. Cette demande demeura sans » réponse, et l'œuvre des *rétractations* ne parut jamais. » (*Nouv. biogr. genér.*).

Erasme aurait-il accepté le travail expurgatoire de l'inquisition d'Espagne? Je ne tenterai pas de résoudre cette question ardue.

6. Le Mépris du monde, relié, sans couverture, in-16.

C'est la traduction française du : *de preparatione ad mortem* d'Erasme.

Ce traité parut d'abord sous le titre suivant : *Préparatif à la mort, traduit en français d'Erasme*, par Guy Morin, sieur de Loudon. Paris, Denis Janot, 1541, in-16. Réimprimé à Lyon, chez Fr. Juste, 1544, in-16.

Je citerai encore, d'après Barbier, une traduction de ce livre publiée au commencement du XVIIIᵉ siècle :

Mépris (du) du monde et de la pureté de l'Eglise chrétienne, avec un discours sur l'enfant Jésus, et une lettre qui contient l'éloge de la solitude, traduit du latin d'Erasme (par Cl. Bosc, conseiller d'Etat). Paris, Rabuty, 1713, in-12.

7. Les apophtegmes d'Erasme.

Une des nombreuses éditions de cette traduction de l'*Apophtegmatum opus* d'Erasme. M. Duplessis, dans sa *Bibliothèque parémiologique*, a compté 49 éditions de ces proverbes depuis 1500 jusqu'en 1799. Voici le titre de l'une des plus anciennes :

Apophtegmes, c'est-à-dire, promptz, subtilz et scententieux ditz de plusieurs Roys, chefs d'armée, philosophes... translatez de latin en françois par le sieur Macault notaire... A Paris, en la rue Neufve Nostre-Dame... par Jeanne de Marnef, 1545, in-16.

8. _{Mot illisible.} .... Decisiones Erasmi Roterodami.

DANS LA BOUTIQUE DE Mᵉ PIERRE BOSC.

9. Discours d'Etat de l'Eglise avec le discours des temps depuis les Apôtres.

J'ajouterai, pour compléter ce titre, — *Sous Néron, jusqu'à présent, sous Charles V*, par Jean de Hainault; ministre à Saumur. (Publié par Jean Crespin). Genève, 1561, in-8, 1562, in-4.

J'ignore le motif qui poussa la congrégation toulousaine de l'*Index*
à brûler ce livre, et je l'ai vainement cherché dans les différents *Index*
que j'ai cités. Il est vrai de dire qu'il existait des circonstances aggra-
vantes ; l'auteur était protestant, il était ministre à Saumur, et son
livre avait été imprimé à Genève.

10. Annales rerum Anglicarum Guillelmus Cambdenus.

Voici le titre exact de ce livre, je l'emprunte au *Manuel* de
Brunet :

Camden (*Guillelmus*). Britannia, sive regnorum Angliæ, Scotiæ,
Hiberniæ et insularum adjacentium... *Londini.*, *G. Bishop*, 1607,
in-fol. C'est la meilleure édition et la dernière qu'ait donnée l'auteur.

Les *Index libr. prohib.* mentionnent l'ouvrage de Cambden, mais
moins sévères que les inquisiteurs de Toulouse, ils lui accordent le
donec corrigatur.

11. Rerum Anglicarum henrico, in-8.

Rerum Anglicarum annales Henrico VIII, Eduardo VI et Maria
regnantibus (*Auctore Francisco Godwino, episcopo herfordicensi*). Typis
nortoninanis, 1616, in-fol. (Barbier).

Je n'ai trouvé, dans les *Index*, que cette vague mention : *Henricus
octavus anglus*, ou *Henricus VIII Anglus*. s. cl. ind. trid. J'ignore
si elle a trait à l'ouvrage de Godwin. Il eut, du reste, le même sort
que celui de Cambden, il fut brûlé.

12. Trois Molinæus in regulas cancellariæ.

13. Cinq Molinæus de Usuris.

Ces ouvrages furent brûlés. Si les hommages de la postérité peuvent consoler les savants illustres de l'injustice et des persécutions
qu'ils ont souffertes pendant leur vie, la grande ombre de Charles
Dumoulin a dû souvent tressaillir d'aise en écoutant les nombreux
éloges que des hommes éminents ont fait de lui, éloges qui affirment
à la fois l'éclat de son mérite et l'élévation de son caractère.

En retrouvant le nom de *Molinæus* et le titre de ses ouvrages, dans
les nombreux *Index lib. prohib.* que j'ai feuilletés, je me suis rappelé
le Serpent et la lime de La Fontaine.

2

>............ Vous vous tourmentez vainement.
> *Croyez-vous que vos dents impriment leurs outrages*
> *Sur tant de beaux ouvrages?*
> Ils sont pour vous d'airain, d'acier, de diamant.

14. Wolfangus in Psalmos.

Ce livre brûlé à Toulouse par l'Inquisition, est un des nombreux commentaires que Musculus Wolfgang a composés sur différentes parties de l'Ancien Testament.

Son commentaire sur les psaumes fut imprimé l'an 1556. Voici comment s'exprime l'oratorien Simon, en parlant de cet ouvrage. « ..... On trouve que dans son commentaire sur les psaumes il fait » paraître plus de modestie, et même plus de respect pour l'antiquité, » que la plupart des protestants... que la méthode qu'il a suivie... est » assez exacte... qu'on peut dire que cet auteur a connu la véritable » manière d'expliquer l'Ecriture : mais il n'a pas eu tous les secours » nécessaires pour y réussir parfaitement parce qu'il n'était pas assez » exercé dans l'étude des langues et de la critique. » (Simon, *hist. crit. du Vieux Testament.* Livre IV, ch. 14, p. 438).

Tous les biographes français ont dit leur mot sur Musculus Wolfgang (1). Malheureusement ce mot est souvent écourté, et par conséquent dépourvu de tout l'intérêt que présente la vie si tourmentée de cet infatigable écrivain.

Ses nombreux ouvrages, complétement délaissés aujourd'hui, dorment maintenant en paix dans les vieilles bibliothèques de l'Europe, et les travailleurs et les curieux passent tranquillement devant eux, sans se douter du bruit qu'ils ont produit et des flots d'encre qu'ils ont fait répandre.

Le *Dictionnaire* de P. Bayle, renferme un article fort bien traité, sur la vie et les écrits de Musculus. Je l'aurais même analysé longuement, tant il m'intéressait, si je n'avais pas craint d'être accusé de prolixité.

Toutefois, je n'en ai pas encore fini avec Musculus Wolfangus, car ayant relevé, très-exactement, dans les *Index libr. prohib.* les nombreux pseudonymes derrière lesquels il voilait sa personnalité, j'ai cru faire chose utile en en faisant ici l'énumération.

---

(1) La *Nouv. biogr. générale*, seule peut-être, a gardé le silence sur le célèbre théologien du XVIe siècle.

Liste des pseudonymes sous lesquels s'est caché
Musculus Wolfangus.

Wolfangus Amling,
  ou Wolphangus.
Wolfangus Ammonius.
Wolfangus Ampelandœus.
Wolfangus Audingus.
Wolfangus Bisbachius.
Wolfangus Camlingus.
Wolfangus Eutychius Myon.
Wolfangus Fabricius Capito.
Vide etiam Capito Wolfangus
Wolfangus Finckelaus.
Wolfangus Finckelaus.
Wolfangus Maler vel Mallerus.
Wolfangus Manphrasius,
Wolfangus Martinus.
Wolfangus Martius.

Wolfangus Mater.
Wolfangus Meurerus.
Wolfangus Meusel.
Wolfangus Meuslin.
Wolfangus Mion ou Myon.
Wolfangus Musculus.
Abraham Musculus.
Andreas Musculus.
Wolfangus Ochesius, vel Oesius.
Wolfangus Peristerus.
Wolfangus Prisbachius.
Wolfangus Ruez.
Wolfangus Rupertus.
Wolfangus Waldnerus.
Wolfangus Wisenburgius (1).

Il est fâcheux que les *index*, qui renvoient le lecteur, par le mot *vide*, d'un nom à l'autre, n'aient pas accompagné les différents pseudonymes de Wolfgang du titre de l'ouvrage compromis.

Bayle nous apprend que Musculus publia quatre dialogues, sous le nom d'Eutychius Myon (2), et sous le titre de *Proscerus*.

Ces dialogues furent imprimés en français à Londres, l'an 1556, et traduits par V. Poullain (3), qui les intitula : *le Temporiseur*. Le mot *proscerus* est une allusion au mot grec πρόσκαιρος, *temporarius*.

(1) Il eût été peut-être facile de rechercher la signification de ces mots forgés de grec, de latin, d'allemand, etc., mais, je l'avouerai, j'ai regretté le temps et l'huile que j'aurais perdus pour exécuter un travail que tout le monde peut faire en s'amusant.

(2) *Eutychius* veut dire : heureux, qui réussit ; et *Myon* : muscle.

(3) Poullain (Valezian), pasteur protestant, né à Lille. Il passa en Angleterre, en 1547, où il fit l'éducation du jeune comte de Derby. A l'avénement de la reine Marie, il se sauva à Francfort-sur-le-Mein, et y fonda une église française. (Haag, *la France protestante*).

15. Musculus in Johannem.

J'ignore quelle fut la décision prise par l'inquisition à l'égard de cet ouvrage de Musculus, cependant il ne se trouve pas dans le catalogue des livres brûlés.

16. Lambertus.

Lambertus franciscus.

Lambertus franciscus in Apocalipsim.

A l'aide de ces diverses indications, il m'a été facile de savoir à quel Lambert j'avais affaire, et Bayle me renseigna tout de suite sur le compte de ce moine qui, dit-il, fut un des premiers qui se défroquèrent en France, pour embrasser le luthérianisme.

Il fut professeur de Théologie, et publia un grand nombre de commentaires sur les différents livres de la Bible.

On raconte qu'après s'être marié, il publia un commentaire sur le *Cantique des Cantiques*, qu'il dédia à François Ier, auquel il écrivit une lettre pour lui expliquer les raisons qui l'avaient déterminé à sortir du papisme.

Quant au livre brûlé à Toulouse, en 1619, en voici le titre : *Exegeseos in apocalipsim libri* VII. Marbourg, 1528, in-8°. Et suivant Bayle, *Exegesis in Apocalipsin*, Bâle, 1529, in-8°.

Au sujet de ce livre, Bayle cite les paroles de Bullinger : « M. François Lambert, homme docte et de grande piété, a fort travaillé sur l'*Apocalypse*, lequel avait lu publiquement ce livre en la noble Université de Martbourg, et depuis composa et fit imprimer sept livres d'exposition en ladite ville, l'an 1528. »

Les *Index* citent particulièrement son livre : *In regulam Minoritarum, et contra universas perditionis sectas commentarii*. Strasbourg, 1525, in-8°.

François Lambert est placé dans la première classe des auteurs condamnés, dont les ouvrages sont prohibés.

Il n'est pas porté dans l'*Index* de Genève, 1619.

Les : *Opera Francisci Lamberti* avaient été déjà recherchés et condamnés à Toulouse, vers 1542, car je les retrouve sous le n° 24, dans le catalogue des livres mentionnés et mis à l'index, par Vidal de Bécanis, inquisiteur, nommé par François Ier, pour rechercher les personnes atteintes et convaincues du crime d'hérésie. (V. E. de Fréville. *Loc. cit.*).

17. Postilla evangeliorum et epistolarum.

J'avais, en quelque sorte, renoncé à la chasse de ce livre, lorsque je l'ai découvert dans le *Catalogue des livres rares et curieux des bibliothèques de MM. Randin et Rostain* (de Lyon), sous le n° 23 (1).

En voici le titre exact : *Postilla Guillermi super epistola et evangelia per totius anni circuitum*. Basileæ, Adam Petri de Langendorff, 1513, in-4°, Goth (2).

Au mot *Postillæ*, tous les *Index* signalent ce livre de la manière suivante : *Postillæ majores totius anni.* Quant aux faits et gestes de son auteur, *Guillermus*, ou *Guillelmus*, toutes mes recherches ont été sans résultat.

DANS LA BOUTIQUE DE Me CANUT.

18. De l'état et succès des affaires de France.

19. L'histoire des Pays-Bas.

Je ne crois pas me tromper en affirmant que ce titre écourté est celui de l'*Histoire de l'état des Pays-Bas et de la Religion d'Espagne*, de François Enzinas, également connu sous le nom de *Dryander*, ou de *Duchesne* en français.

Charles-Quint, ayant fait enfermer Enzinas, pour sa traduction espagnole du *Nouveau-Testament*, celui-ci parvint à s'échapper de prison et se réfugia à Genève, où il embrassa le luthériánisme.

L'ouvrage d'Enzinas fait partie du *Martyrologe protestant*, imprimé en Allemagne.

Tous les *Index* citent le livre d'Enzinas et le placent dans la première classe des livres condamnés et prohibés. Les inquisiteurs de Toulouse le brûlèrent.

(1) Claudin, Paris et Lyon, novembre 1873.

(2) Il y a une édition de 1515.

20. La guerre des Pays-Bas.

21. Histoire des troubles de Flandres.

Ces différents ouvrages, sans nom d'auteur, — et que je ne retrouve nulle part, — ne cacheraient-ils pas, sous leurs titres un peu vagues, un livre fort curieux, de Jacques Wesembeke, dont je copie le titre dans le *Manuel* de Brunet ?

Descripsion (sic) de l'estat, succès et occurences, advenues au Pays Bas (de 1500 à 1566) au fait de la Religion. (*Imprimé à Pillenbourg*) *en aougst* 1569. — In-8°.

Il y a une édition, contenant les deux textes flamand et français, imprimée à Bréda, en 1616, pet. in-4°. Ce serait probablement là l'édition saisie chez les libraires de Toulouse, car la première est d'une très-grande rareté.

22 Trois œuvres poétiques de du Barthas(sic) non reliez, autres deux relié (sic).

La première et seconde semaine Je du Barlas (sic).

Guillaume de Salluste du Bartas était calviniste, et c'est probablement pour cela que ses Œuvres furent saisies par les inquisiteurs de Toulouse.

De Thou vante sa candeur et sa modestie. Henri IV, qu'il servit de son épée, et chanta dans ses vers, l'envoya en Angleterre, en Ecosse et en Danemarck. Ce fut un excellent soldat, et il servit avec distinction sous le maréchal Matignon.

Tout a été dit sur ses différents poëmes, et je renverrai les curieux aux nombreux biographes qui ont écrit son histoire. Je me permettrai seulement de citer quelques vers de sa Troisième Journée, qui témoignent à la fois de son amour pour l'étude et pour la retraite, douces passions qui vont rarement l'une sans l'autre.

> « Puissé-je, ô Tout-Puissant ! inconnu des grands rois,
> Mes solitaires ans achever dans les bois.
> Mon étang soit ma mer, mon bosquet mon arêne ;
> La Gimone mon Nil, le Sarrapin ma Seine;
> Mes chantres et mes luths, les mignards oiselets ;
> Mon cher Bartas mon Louvre, et ma cour mes valets.
> Ou bien si mon devoir ou la bonté des Rois
> Me font de leur grandeur approcher quelquefois,
> Fais que de leur faveur jamais je ne m'enivre ;
> Que, commandé par eux, libre, je puisse vivre;
> Que l'honneur vrai je suive, et non l'honneur menteur ;
> Aimé comme homme rond, et non comme flatteur. »

Les *Index libr. prohib.* sont complétement muets sur son compte.

23. Histoire de la nouvelle France.

24. Marcellus Palingenius.

Marcellus Palingenius. Zodiacus vitæ, id est hominis vita ; studio ac moribus optime instituendis libri xii. *Roterodami*, 1722, in-8º.

On en a publié un grand nombre d'éditions au xvie siècle.

« Ce poëme, dit Peignot, a été mis au nombre des livres hérétiques de la première classe par la Congrégation de l'*Index*, à Rome, et bien plus, il est la cause, dit-on, que le cadavre de l'auteur a été exhumé et brûlé. Ce traitement rigoureux provient sans doute de quelques traits satyriques, dont l'ouvrage est semé, contre le clergé, l'Eglise catholique, le pape, les cardinaux et la vie des moines.

»..... Jules Scaliger, tout en blâmant le titre de l'ouvrage, qui n'a aucun rapport avec ce qu'on entend par le mot *Zodiaque*, dit que ce poëme n'est qu'une satyre continuelle, mais sans aigreur, sans emportement, et qu'il n'y a rien de contraire à l'honnèteté ni à la bienséance ; la diction en est pure, mais le style un peu bas, ainsi que la versification. » (G. Peignot, *Livres condamnés. au feu.*)

Le véritable nom de Palingène était Mangòlli (Pietro Angelo). Il dédia son livre, vers 1530, à Hercule II d'Este, duc de Ferrare, dont on prétend qu'il fut médecin, quoique d'autres assurent qu'il n'eut jamais cette qualité, mais qu'il fut simplement un de ces savants luthériens que la duchesse de Ferrare reçut à sa cour, et qu'elle honora de sa protection. (V. Eloy, *Histoire de la médecine ancienne et moderne.*)

Les plus anciennes éditions sont celles de Bâle , 1548, in-12 ; celle de Lyon, 1581, même format, etc.

Il a paru une imitation de ce poëme en vers français, sous le titre suivant : *Le Zodiaque poétique ou la Philosophie dé la vie humaine*, de M. de Clivière, 1619, in-8º ; et Delandine cite *une traduction française en prose*, publiée en 1730, par la Monnerie, laquelle, dit-il, est indigne de l'original.

Tous les *Index libr. prohib.* signalent *Palingène*, mais j'ignore pourquoi ils ajoutent à son nom l'épithète de : *Stellatus*.

Son livre fut brûlé par l'inquisition de Toulouse.

25. Novum Testamentum Genevæ impressum.

Novum testamentum, Gr. et Lat. interpretationes duæ : una vetus, altera Theod. Bezæ. Ejusdem Bezæ annotationes et responsio ad Sebast. Castillionem. *Genevæ, Henr. Stephanus*, 1565, in-fol.

Le nom de Théodore de Bèze, celui d'Henri Estienne et la souscription de Genève, expliquent pourquoi ce livre fut saisi. Il n'est pas signalé dans les nombreux *Index* que j'ai feuilletés.

Et ayant demandé audit Canut l'enchiridion Leonis papæ, Musculus in Joannem et les discours de Macchiavel, qu'on avait trouvés dans le roolle de ses livres à la visite faicte en sa boutique le trentiesme octobre dernier, nous a assuré par serement ne les avoir pas maintenant, et a dit les avoir vendus avant la susdite visite.

26. Colloquia Corderj.

C'était évidemment l'une des éditions suivantes du *Colloquiorum scholasticorum libri quatuor , ad pueros in sermone latino exercendos ,* de Martin Cordier. La première fut imprimée à Genève en 1563 , et Henri Estienne en a donné une autre, sans date, vers 1556.

Martin Cordier est mort calviniste en 1566. Il est cité , dans les *Index libr. prohib. ,* comme appartenant à la première classe des auteurs damnés , condamnés , etc , suivant les décisions du Concile de Trente.

Son livre fut brûlé par les inquisiteurs de Toulouse.

27. Vita Erasm

Je ne connais d'autre *Vie d'Erasme ,* publiée avant l'année 1619, que celle de Melchior Adam, imprimée en 1615 à Heidelberg, et citée par Bayle, Art. *Erasme ,* p. 1009, notule 176.

Ce qui me confirme dans la pensée que c'est bien là le livre saisi chez les libraires de Toulouse , c'est la note suivante que j'ai relevée dans l'*Index* de 1704 : *Melchiori Adami vitæ germanorum theologorum.*

Melchior Adam, littérateur allemand, devint recteur du collége d'Heidelberg. Son livre, dans quelqucs biographies, porte le titre suivant : *Vitæ Germanorum Philosophorum*, 1615-1620 ; 4 vol. in-8°. Delandine prétend que cet ouvrage « est une compilation mal digérée et mal écrite. »

28. Quatre discours d'estat de paix et de guerre de Machiavel.

Ung discours de l'estat de paix et de guerre et le Prince de Machiavel.

29. L'art de la guerre de Machiavel.

Je ne connais d'autre traduction française des *Discorsi sopra la prima deca* (sic) *di Tito-Livio*, imprimés avant 1619, que celle de Jacques Gohory. En voici le titre . *Trois livres des discours de l'état de paix et de guerre de Nic. Machiavelli, sur la première décade de Tite-Live.* Paris, Est. Groulleau, 1548, in-fol.

Est-ce l'édition qui fut brûlée à Toulouse en 1619 ? Le titre signalé par les inquisiteurs indiquant *quatre discours* et la traduction de Gohory n'en ayant que *trois*, il y aurait donc une ancienne traduction française de ces discours demeurée inconnue.

Tous les *Index libr. prohib.* rangent Machiavel *in prima classe auctorum damnatorum quarum opera edita et edenda prohibentur.*

Quant au *Prince* de Machiavel, qui fut aussi brûlé à Toulouse, on sait qu'il avait d'abord circulé sans opposition dans toute l'Italie, mais qu'il fut, plus tard, condamné par un bref de Clément VII. Voici le titre exact de la première traduction française du *Prince* de Machiavel :

Le Prince, de Nicolas de Machiavelle, traduit d'italien en françois, par Guillaume Cappel. *A Paris, chez Charles Estienne*, 1553, in-4°.

L'Art de la guerre de Machiavel, saisi chez les libraires de Toulouse, n'est pas nominativement désigné dans les *Index* qui, toujours sobres d'indications, ne spécifient guère lequel des ouvrages d'un polygraphe a été censuré, mutilé ou prohibé.

L'édition, saisie chez les libraires, était, selon toute apparence, la suivante : *L'art de la guerre, composé en sept livres par Nic. Machiavelli.* Paris, J. Barbé, 1546, in-fol.

30. Le de Camberon de Boucace.

Le Bocamberon de Boucace.

Le Cameron de Boucace.

Une des nombreuses éditions du *Décaméron* de Boccace, traduit en français, par Ant. le Maçon, au XVIᵉ siècle. La première parut à Paris, in-fol., chez Est. Roffet.

Les inquisiteurs de Toulouse, qui brûlèrent ce livre, furent beaucoup plus sévères, envers le chef-d'œuvre de Boccace, que ne l'avaient été leurs confrères de la S. Congrégation de l'*Index*, qui ne l'ont placé que dans la deuxième classe des livres prohibés, en lui ouvrant la porte du repentir, à l'aide de la formule consacrée: *Donec expurgetur.*

DANS LA BOUTIQUE ET MAGASIN DE Mᵉ HÉLIE MARESCHAL.

31. Matthæi Wisembthii (sic) in pandectas.

Wesembec (Mathieu), enseigna la jurisprudence à Iéna, puis à Wittemberg. Il a publié des *observations sur les Pandectes et des paratitles.*

Il est placé par les *Index* dans la seconde classe des livres prohibés. Voici l'article qui lui est consacré dans l'*Index* de Genève, 1619 :

Matthæus Wesembeccius. *Permittuntur tamen illius tractatuum, et responsorum, quæ vulgo consilia juris appellantur, pars 1 et 2. In ipso autem titulo addatur :* AUCTOR DAMNATUS, HOC TAMEN OPUS PERMISSUM.

Permittuntur etiam, si expurgentur, ejusdem commentarium in institutionum juris : Item *in pandectas juris civilis, et Codicis Justinianei libros 8 commentarii olim paratitla dicti :* Item, *in Codicem commentarius :* Item, *commentariæ prælectiones in tertium lib. Cod.*

Wesembec était né à Schmalkalden, dans l'Electorat de Hesse-Cassel, en 1531. Il avait été reçu docteur en Droit à Louvain, à dix-neuf ans, honneur, dit Delandine, que personne n'avait eu à cet âge. Il mourut à Wittemberg, en 1586, après avoir embrassé la religion protestante.

Voici le titre exact du livre saisi à Toulouse : *Mathæi Wesembecii commentarius in Pandectas juris civilis et libros tres Codicis Justinianei.* Antuerpiæ, 1639, in-4.

Dupin aîné, *Biblioth. de Droit*, art. 1796, fait naître Wesembec à Anvers ; il s'est trompé, car les *Index* lui donnent la qualité de *Smalcaldensis.* Dupin l'a confondu avec Jacques de Wesembeke, d'Anvers, l'auteur d'une pièce dont on ne connaît que deux ou trois exemplaires, et dont voici le titre : *La défense de Jacques de Wesembeke, jadis conseiller et pensionnaire de la ville d'Anvers, contre les indeuës et iniques citations contre luy decretées.* Imprimé en janvier 1569, pet. in-8° de 48 pp.

Ce Jacques de Wesembeke, est aussi l'auteur d'un livre anonyme, dont j'ai déjà parlé. V. le n° 20.

32. Deux traités de la puissance du Pape, par Guillaume Barclay.

Guillaume Barclay, célèbre professeur de Jurisprudence à Pont-à-Mousson, Angers, etc., au XVI° siècle. Il fut anti-ligueur et combattit avec énergie l'ultramontanisme.

Son *de Potestate Papæ*, parut à Paris, en 1617, et à Pont-à-Mousson, en 1610. Il fut traduit en français, sous ce titre : *Traité de la puissance du Pape ;* Pont-à-Mousson, 1611, in-8.

Voici la note que lui consacrent les *Index libr. prohih.; Guillelmi Barclaii I. C. de Potestate Papæ, an quatenus in reges, et principes seculares, et imperium habeat.*

Le décret de prohibition est daté du 9 novembre 1609 (*Index* de 1819). Il n'est pas classé, parce qu'il parut après la mort de Barclay; aussi l'*Index* de 1704, porte-t-il : *Liber posthumus.*

Cette date du 9 novembre 1609, prouve qu'il existe une édition antérieure à celle de Pont-à-Mousson, datée de 1610.

Guillaume Barclay est mort en 1600.

33. Bigarrures et touches du seigneur des Accords.

Estienne Tabourot, seigneur des Accords, « fut, dit Bayle, un homme d'esprit et d'érudition, mais qui donna trop dans les bagatelles. Cela paraît par l'ouvrage qu'il intitula Bizarreries. »

Après avoir lu Tabourot, tout le monde partagera l'opinion de Bayle. Pasquier, dans une charmante lettre, qu'il adresse, en 1584, à son ami Tabourot, avait déjà porté le même jugement *sur ses belles Bigar-*

rures; mais Tabourot n'en tint aucun compte, et, après avoir publié son quatrième livre, beaucoup plus sérieux que le premier, il s'excuse ainsi de persévérer dans ses *folâtreries* : « ... Ce que j'en ai fait, dit-il,
» a esté principalement, afin de faire entendre, par les discours de ce
» livre, que j'ay l'esprit disposé à autre chose qu'à des lascivetez,
» pour fermer la bouche à un tas de calomniateurs ignorants, qui me
» l'ont malignement objecté. Et pour le regard de ceux qui trouvent à
» dire qu'un homme de ma profession se mesle encore de folastrer,
» tantost en prose, tantost en vers; je les renvoye à la docte epistre
» liminaire des epistres françoises du sçavant Pasquier, qui a bien
» monstré, tant par vives raisons, qu'exemples, comme il ne faut pas
» assubjectir l'esprit à une seule profession si opiniastrement que l'on
» ne luy permette s'egayer en la source abondante de la vivacité
» d'iceluy. Je loue certainement ceux qui, à la façon des Allemands,
» se peuvent contenir à n'embrasser qu'une seule profession; mais
» il ne faut pas aussi blasmer ceux qui, ayant l'esprit capable d'en
» manier diverses, les sçavent si bien exercer, qu'en chaque espèce ils
» ne devront rien ou peu de reste à chascun des particuliers qui
» s'adonnent à une. L'on sçait assez que l'esprit des François est plein
» de telle vivacité et variété, que c'est malgré luy, si l'on l'attache à
» une science seule. Pourquoi donc trouve-t-on mauvais que je laisse
» aller ce temps (que les autres jouent) à cette honneste occupation,
» qui n'est pas du tout vaine et sans fruit, si l'on y regarde de près? »

Hélas ! toutes ces raisons n'attendrirent pas les inquisiteurs, et les *Bigarrures* furent brûlées.

La S. Congrégation de l'*Index* ne s'est pas occupée du seigneur des Accords.

DANS LA BOUTIQUE DE Me MAFRE TEULÉ.

34. Memoriale Apostolicum.

35. Colloquia Benoni de Rachel de rebus Theologicis.

36. Monarchia ecclesiastica, œconomia Petri Belloni, relié et quelques feuilles d'ung autre.

    Adagia Erasmi, relié, in-fol.

    Molinæus in regulas Cancellariæ.

37. Princeps christianus adversus Machiavel.

Je crois pouvoir affirmer, sans trop compromettre ma perspicacité, que le livre, saisi chez les libraires de Toulouse, est celui d'Innocent Gentillet; en voici le titre : *Discours sur les moyens de bien gouverner et maintenir en bonne paix un royaume..... contre Machiavel*, s. nom de ville, ni d'imprimeur, 1576, petit in-8.

Ce livre, selon Brunet, avait été déjà publié en latin, en 1571. Il est connu sous le titre abrégé de l'*Anti-Machiavel*.

Innocent Gentillet, né à Vienne en Dauphiné, mourut à Genève, en 1575. Quelques biographes, Bayle entre autres, prétendent qu'il fut syndic de la République de Genève. On a réimprimé plusieurs fois son livre sur le *Bureau du Concile de Trente, où il est montré qu'en plusieurs points iceluy est contraire aux anciens Conciles et Canons, et à l'autorité du Roy*. (Genève, 1586).

Plusieurs auteurs allemands, et parmi eux Placcius *de Anonimis* (sic), p. 60, déclarent que les commentaires de l'*Anti Machiavel* ont été attribués à Innocent Gentillet.... « *Icti* (Jurisconsulti) *Delphinatis olim Tolosanæ curiæ advocati...* (1). »

Le P. Ribadeneira est l'auteur d'un livre dont le titre se rapproche peut-être davantage de celui que j'ai relevé dans la note des inquisiteurs, le voici : *Tratado de la religion y virtude que debe tener el principe christiano para governar sus Estados, contro Nic. Machiavello, por Pedro de la Ribadeneyra*. Madrid, 1595, ou Anvers, 1597, in-8.

Malgré ce rapprochement, et quoique cette réfutation du *Prince* de Machiavel, « renferme quelques propositions hasardées sur la puissance des Rois, et les devoirs de leurs sujets, » j'hésite à croire que les membres de la Commission inquisitoriale de Toulouse, aient eu le courage de saisir, de corriger, ou de supprimer, peut-être, l'œuvre du propagateur infatigable de l'ordre de Saint-Ignace de Loyola.

Ce qui me confirme dans cette opinion, c'est que les *Index* de 1619, 1704 et 1819, placent, de la manière suivante, Innocent Gentillet dans la première classe des auteurs condamnés, dont les livres sont prohibés : *Gentillettus seu Gentiletus* (*Innocentius J. C. Delphinensis. I. Cl. App. ind. Trid.)*

Molinæus de Usuris.

(1) Des recherches, faites dans les archives du Parlement de Toulouse, ne nous ont rien appris sur la présence d'Innocent Gentillet, à Toulouse, vers la fin du xvie siècle.

38. Praxis fori ecclesiastici apud Albertum.

Je ne crois pas me tromper en attribuant ce livre à Albert Krantz, le célèbre historien allemand, qui fut professeur en Théologie et en Droit canon à l'Université de Rostock. Il est mort en 1517.

Albert Krantz est cité dans tous les *Index libr. prohib.* et d'une manière toute particulière, dans celui de 1619; tous les ouvrages cités ne sont pas classés, ils portent tous l'observation qui, d'ordinaire, accompagne les livres peu compromis : *Donec expurgetur.*

39. Flores doctorum. Imprimé à Genève en blanc.

C'est dans les Index de 1667 et de 1704 que j'ai pu compléter le titre de ce livre : *Flores doctorum penè omnium, qui tum in Theologia, tum in Philosophia hactenus claruerunt, Per Thomam hibernicum olim cum summa diligentia collecti, ac ordine alphabetico digesti ; ex typographia Jacobi Stoër, cùm ab hoc impressore heretico multis in locis corrupti et adulterati sint.*

Les *Index* de 1758 et de 1819 n'en parlent pas.

Ai-je besoin de dire que Jacques Stoër imprimait à Genève dans la deuxième partie du xvıᵉ siècle ?

Quel était ce Thomas d'Hibernie ? J'ai bien cherché, et je n'ai pas encore trouvé.

Ce livre est cité dans le catalogue Falconet; Paris, 1763, t. ı, n. 90 : *Th. hibernici Flores Sacr. Bibliorum.* Lugd. 1679 , in-12 ; ce qui prouve qu'il a été imprimé plusieurs fois.

Les inquisiteurs de Toulouse le brûlèrent.

40. Diserptationes (*sic*) forensium judiciorum Stephani Gratiani.

Les *Index* de 1667 , de 1704 , de 1758 et de 1819 , à quelques variantes près, citent l'ouvrage de Gratien. Voici le titre qui me paraît le plus exact; je l'ai relevé dans l'*Index* de 1667, p. 122 : *Stephani Gratiani disceptationibus forensibus sacra Congregatio mandat omnibus, ut ex tomo 2 , cap. 184 , num. 51 et 52, p. 303, deleant historiam ab auctoribus hæreticis acceptam* de quodam ementito Leone Romano Pontifice, et D. Hilario. *Impressoribus quoque mandat, ut cùm librum iterum imprimen, prædictam historiam penitus auferant.*

L'*Index* de 1758 et celui de 1819 ne datent le décret de la Congrégation que du 10 juin 1659 ; les autres *Index* n'en fixent pas la date. Je ferai remarquer, à ce sujet, que les inquisiteurs de Toulouse avaient saisi le livre dès 1619.

Molinæus de Usuris.

Adagia Erasmi.

41. Deux discours politiques (*et militaires*) de la Noue.

Les Discours de François de la Noue sont bien connus des lettrés, qui considèrent ce vaillant capitaine comme l'un des prosateurs les plus éminents de son siècle. Ils furent composés au château de Limbourg durant la longue et cruelle captivité que les Espagnols lui firent subir.

Henri IV , qui eut cette chance d'avoir autour de lui de grands hommes, dont les noms sont populaires parmi nous , s'écriait en apprenant la mort de la Noue : « Nous perdons un grand homme de guerre et encore un plus grand homme de bien. »

La première édition de ses *Discours* parut à Genève, de format in-4°, en 1587.

Tous les *Index* mentionnent les *Discours de la Noue.*

Ils furent brûlés par l'inquisition.

42. Deux Traités des droits de l'Eglise gallicane.

C'est le livre de Pierre Pithou, qui fut imprimé à Paris en 1594 , in-12, et reproduit, plus tard , dans ses *Opera sacra , juridica, historica, miscellanea, collecta et edita studio Caroli Labbæi.* Paris, 1609, in-4°.

Tous les *Index* que nous avons sous les yeux mentionnent l'ouvrage de Pierre Pithou. Celui de 1704 mentionne la traduction latine qui se trouve dans les *Opera sacra,* etc. L'*Index* de 1758 et celui de 1819 nous donnent la date du décret de la S. Congrégation : 24 octobre 1640.

Qu'un auteur qui s'était donné le mission de défendre les libertés de l'Eglise gallicane ait vu son livre saisi, censuré, supprimé peut-être par la cour de Rome , cela se conçoit aisément ; mais qu'une assemblée de théologiens , de moines et de prêtres français, se soit chargée d'un tel office , cela se conçoit moins , lorsqu'on sait surtout que ce livre a servi de base à la déclaration du clergé de France de 1682 (1).

En lisant la vie de Pierre Pithou , il est, du reste, très-facile de se rendre compte de cette défection (2).

Inventaire de Serres.

Discours de Machiavel.

CHEZ LA VEFVE DE COLOMIÈS.

43. Lexicon Scapulæ.

Personne n'ignore que ce livre est un abrégé du *Thesaurus linguæ Græcæ*, publié en 1592 par Henri Estienne.

L'auteur de ce livre est inconnu.

M. A. F. Didot assure que l'apparition frauduleuse de ce lexique contribua puissamment à la ruine d'Henri Estienne.

Les *Index* ne donnent pas les motifs qui en déterminèrent la saisie. Plusieurs d'entre eux portent l'indication suivante : *Donec corrigatur*.

---

(1) Cette assemblée du clergé de 1682 m'a remis en mémoire une anecdote assez piquante , relative à Bossuet. Elle est peu connue , et c'est ce qui m'engage à la donner ici :

« Une des plus jolies épigrammes qui soient dans notre langue est celle de Faydit (a),
» qui avait de l'esprit , mais un peu fou. Elle est sur le discours que M. Bossuet
» fit à l'Assemblée de 1682 , où il parlait avec tant d'obscurité , que personne n'y
» entendit rien , répétant continuellement les paroles de Balaam : *Quam pulchra sunt
» tabernacula tua Jacob.* ; sur quoi Faydit :

> Un auditeur un peu cynique
> Dit tout haut, en baillant d'ennui :
> Le prophète Balaam est obscur aujourd'hui ;
> Qu'il fasse parler sa bourrique ;
> Elle s'expliquera plus clairement que lui.

(Longueruana, p. 14 , 2e partie.)

(2) « Pithou , dans un *mémoire* puissant par la doctrine et par la logique, avait démontré aux évêques de France qu'ils pouvaient , de leur propre autorité , relever Henri de Navarre de l'excommunication et se soumettre à son obéissance. »

(a) Controversiste et critique français du XVIIe siècle

44. Pseaumes de David de Metezeau.

Jean Metezeau était au siége de Dreux. C'était un ligueur déterminé; sa traduction des Psaumes eut trois éditions.

Les *Index libr. prohib.* , que j'ai consultés , sont muets à son égard.

Adagia Erasmi.

45. Diceptatio (*sic*) de Secretis Societatis Jesu.

Probablement , un extrait ou une contrefaçon du *Monita privata Societatis Jesu.*

Je renverrai les curieux à l'article que Barbier a consacré à cet ouvrage dans son *Dictionn. des œuvr. anonym.*, t. III, p. 591. — Le Manuel ne le mentionne pas.

Les *Index libr. prohib.* le signalent tous de la manière suivante : *Monita privata Societatis Jesu.* Quelques-uns donnent la date du décret de la S. Congrégation de l'*Index.* Cette date est ainsi formulée : *Decr. 26 Martii,* 1621.

Les inquisiteurs de Toulouse avaient donc saisi le livre peu de temps après sa publication, et dix-huit mois avant le jugement rendu à Rome, puisque, suivant Barbier, Gretser, le savant jésuite allemand, en avait publié une réfutation dès l'année 1618.

46. Aphorismes des confesseurs.

Traduction française des *Aphorismi confessariorum* d'Emmanuel Sà, célèbre Jésuite, qui prépara l'édition de la Bible imprimée sous le pontificat de Sixte V.

« On assure que Sà mit 40 années à composer le petit recueil d'Aphorismes pour les cas de conscience, et cependant la censure romaine le fit extraire ou corriger en plus de quatre vingts endroits, qui ne s'accordaient pas avec la Bible, les Pères ou les conciles. » (*Nouv. biogr. générale.*)

Tous les *Index* confirment la remarque que je viens de produire. Voici la note de l'*Index* de 1704 : *Emmanuelis Sà Aphorismi confessariorum hactenus impressi, etiam Romæ, ante annum 1602. Post autem tale tempus Romæ editi de mandato Magistri soc. Palatii permittuntur.*

J'ignore le nom du traducteur.

DE LA BOUTIQUE DE Me DELDAUX.

Flores Doctorum.

47. Prières divines et catholiques par un docteur en théologie.

Un livre de prières protestantes probablement.

48. Deux Démonomanie des Sorciers de Bodin.

L'une des nombreuses éditions de ce livre publiées au xvi^e
siècle.

G. Peignot lui a consacré un assez long article. « Ce livre, dit-il,
a été sévèrement défendu et supprimé; mais la suppression n'en a
pas été assez exacte pour que les exemplaires en fussent très-
rares. »

L'amour du clocher m'oblige de rappeler ici que Bodin étudia le
Droit à Toulouse. On raconte même que pour se faire bien venir des
habitants de cette ville, où il voulait s'établir comme professeur de
jurisprudence, il fit son oraison : *De instituenda in republica juventute,*
qu'il adressa au peuple et au sénat de Toulouse, et qu'il prononça
publiquement dans les écoles.

La *Démonomanie* de Jean Bodin se trouve dans tous les *Index,* en
compagnie de plusieurs autres ouvrages du même auteur. Le décret
de la Congrégation de Rome pour la *Dæmonomania,* est daté 1er septembre 1594. Jean Bodin est placé dans la première classe des auteurs
damnés et condamnés dont les livres sont prohibés. Il n'est donc pas
étonnant, d'après cela, que l'Inquisition de Toulouse ait brûlé son
livre.

DANS LA BOUTIQUE DE Me PIERRE DAURIOL.

Les Bigarrures des Accords.

49. Chronica Carionis.

Tous les *Index* romains et celui de Genève, 1619, placent le livre de

Joannes Carion dans la première classe des livres prohibés, sans signaler, comme de coutume, l'édition proscrite par la S. Congrégation.

Est-ce l'édition refaite par Mélanchton? ou bien celle que Carion publia à Berlin en 1531, après que Mélanchton eut mis au jour la sienne?

La chronique de Carion a été traduite en français par Simon Goulard en 1579. Le nom de Simon Goulard ne se trouve pas dans les *Index* de 1667, 1704, 1758 et 1819, mais il est dans celui de Genève 1619, qui nous apprend que Goulard était de Senlis : *Simon Goulartius, Silvanectinus.*

DANS LA BOUTIQUE DE Me SIMON.

Lexicon Scapulæ.

50. Minsinger super instituta.

« Mysinge, professeur de droit à Fribourg en Brisgaw, mourut en 1588. » Dupin aîné. *Biblioth. des livres de droit.*) M. Dupin ne cite pas l'ouvrage saisi par les inquisiteurs de Toulouse, mais il nous donne le titre d'un autre ouvrage de Mysinge : *Joach. Myn ingeri commentarius in titulo* de fide instrumentorum, libri 11 decretalium; *Helmstad,* 1582, in-fol. — Marp., 1602, in-8°.

Adagia Erasmi.

DE LA BOUTIQUE DE Me ESTIENNE BOYER.

51. Speculum vitæ humanæ.

L'auteur de ce livre, Sanchez de Arevalo (Rodriguez), évêque de Zamora, « fut, selon Prosper Marchand, si follement entêté de l'autorité pontificale, qu'il l'a portée jusqu'à l'impiété. »

On se demande si c'est là le motif qui poussa les inquisiteurs de Toulouse à saisir ou à supprimer le *Speculum* de Sanchez?

La première édition du *Speculum vitæ humanæ* aurait été, suivant Brunet, imprimée à Savigliano, par Christophe Beyam.

52. De vita juventutis instuendæ (sic.).

L'*Index* de 1704, et celui de 1819, nous donnent plus exactement le titre de cet ouvrage. Le voici : *De vita juventutis instituendæ, moribusque et studiis corrigendis* (1).

On ne connaît pas le nom de l'auteur.

Ne serait-ce pas le même livre que celui déjà cité : *Libelli aliquot formandis moribus juvenum Joannis Carpentii*, et que les inquisiteurs brulèrent ?

Ne serait-ce pas, enfin, le *Discours* de Bodin, dont j'ai parlé ci-dessus, et ayant pour titre : *De instituenda in republica juventute*.

Et estant heure tarde nous serions retirés. Et le lendemain huictiesme du présent moys de novembre, sur les deux heures après midy, nous estant transportés avec le susdit P. inquisiteur de la foy, à la boutique et magasin de Mᵉ Paul Freslon, libraire de Lyon, assistés des sus-nommés MM. Dupont et de Bugis et dudit P. Dominique Gouzenne, religieux de Saint-Dominique, avons prins et emporté les livres suivants.

Trois œuvres poétiques de du Barthas.

53. Deux œuvres de Clément Marot,

Quelques lettrés, seuls, lisent Marot aujourd'hui ; j'ajouterai, cependant, qu'en vrais gourmets, ils choisissent les bons endroits et qu'ils y laissent le signet.

Tous les *Index*, sans exception, sans même lui accorder le bénéfice des circonstances atténuantes, le mettent dans la première classe des auteurs damnés, condamnés, etc.

Les inquisiteurs de Toulouse brûlèrent plusieurs exemplaires de ses œuvres. Je vais citer quelques vers de lui, qui me paraissent en situation, et qui prouvent qu'il n'avait pas tort de se tenir sur ses gardes.

(1) Du Plessis d'Argentré, *Collectio judiciorum de novis erroribus*, signale aussi ce volume.

Réfugié à Ferrare, il s'adresse à François Ier : « J'ai fui, lui dit-il,
» ce n'est pas parce que j'étais coupable :

> » . . . .
> » Mais je sçay tant de juges corrompables
> » Dedans Paris, que par pecune prinse,
> » Ou par amis, ou par leur entreprinse,
> » Ou en faveur, et charité piteuse
> » De quelque belle humble solliciteuse,
> » Ils sauveront la vie orde et immunde
> » Du plus meschant et criminel du monde;
> » Et au rebours, par faute de pecune,
> » Ou de support, ou par quelque rancune
> » Aux innocens ils sont tant inhumains,
> » Que content suis ne tomber en leurs mains. » (1)

Deux Carolus Molinæus.

54. Trois histoires macaroniques de Rabelais.

C'est la traduction française du livre de Théophile Folengo, mieux
connu sous le nom de *Merlino Coccajo*, ou *Merlin Coccaïe* : *Merlini
Cocai poetæ mantuani macaronices libri XXII.* Venetiis, Alex. Paga-
nini, 1547, pet. in-8°.

« Tel est le titre de la première édition de ce chef-d'œuvre macaronique. » (Brunet).

Les inquisiteurs de Toulouse n'ont pas donné le titre exact du livre
qu'ils ont brûlé, et la manière dont ils l'ont reproduit, ferait croire
que l'*Histoire macaronique* est l'œuvre de Rabelais.

Que Rabelais ait imité Folengo, tout le monde est d'accord là-dessus,
et c'est probablement pour démontrer l'exactitude de ce fait que le
traducteur du poète mantouan, dont on ignore le nom, a glissé dans
le titre de son livre le nom si populaire de Rabelais.

Ce titre est ainsi conçu : *Histoire macaronique de Merlin Coccaïe,
prototype de Rabelais*, etc. Paris, 1606, 2 vol. in-12.

Les *Index libr. prohib.* ne l'ont pas condamné sans rémission, et ils
font suivre son *opus macaronicorum* de ces mots : *Nisi repurgatum
fuerit.*

Deux Barclavius (sic.) de Potestate Papæ.

---

(1) Epitre 48. *Sur l'exil de Marot, au roy, du temps de son exil à Ferrare. Œuvres de Cl. Marot.* La Haye, 1731, t. ii, p. 164.

55. Sept Académies françoises, in-4°. Imprimées à Saumur.

Cet ouvrage est de Pierre de la Primaudaye, auteur des *Cent quatrains consolatoires*, et des *Quatrains de la Philosophie chrétienne*.

Voici le titre du livre brûlé par les inquisiteurs de Toulouse : *Académie françoise divisée en dix-huit journées, et la journée par chapitres ; en laquelle quatre jeunes gentilshommes angevins sont introduits sous noms hébreux, à savoir Aser, Amana, Aram, Architob, discourant élégamment et traitant, en la présence de leurs pères et de leur instituteur, de l'institution des mœurs, et de ce qui concerne le bien et heureusement vivre en tous estats et conditions, par les préceptes de la doctrine et les exemples de la vie des anciens sages et hommes illustres.* Paris, 1577, in-fol.

Suite de l'Académie françoise, en laquelle il est traicté de l'homme, et comme par une histoire naturelle du corps et de l'âme, est discouru de la création, matière, composition, forme, nature, utilité et usage de toutes les parties du bastiment humain, et des causes naturelles de toutes affections, et des vertus et des vices : et singulièrement de la nature, puissances, œuvres et immortalité de l'âme. Paris, 1580, in-fol.

L'auteur, dit un de ses biographes, a rassemblé tout ce qu'il avait récolté « es odorants vergers de la philosophie morale des anciens sages, sur la règle de bien vivre en suivant la vertu. »

C'est l'édition, imprimée à Saumur, chez Thomas Porteau, en 1613, 4 tomes en 1 vol. in-4°, que l'on saisit chez les libraires de Toulouse.

La Primaudaye était issu d'une des premières familles protestantes de l'Anjou.

Les *Index libr. prohib.* ne font aucune mention de La Primaudaye.

> Ung discours de l'estat de paix et de guerre et le Prince de Machiavel.

56. Dix Rabelais.

On ferait un gros livre si l'on avait la fantaisie de rassembler les jugements divers qui, depuis plus de trois siècles, ont été portés sur Rabelais, sur son *Pantagruel* et sur son *Gargantua*.

Le plan que je me suis tracé, ne me permettant pas d'entreprendre un semblable travail, je me bornerai à reproduire ici quelques-uns des portraits qui ont été dessinés par ses détracteurs ou par ses apologistes.

Je commencerai par celui que nous a laissé le P. Garasse, ce dangereux polémiste, célèbre, surtout, par l'excès de ses bêtises et de ses emportements.

« ... Les libertins ont en main le *Rabelais*, comme l'enchiridion du » libertinage. Ce vaurien ne mérite pas la peine qu'on en parle; je dis » seulement que, pour le bien qualifier, il faut dire de lui que c'est » la peste et la gangrène de la dévotion; il est impossible d'en lire une » page sans danger d'offenser Dieu mortellement; je dis quand même » il ne serait point défendu par les censures ecclésiastiques.

» Enfin, j'estime que Rabelais est un très-maudit et très-pernicieux » écrivain qui succe (sic) peu à peu l'esprit de piété, qui dérobe insen- » siblement l'homme de soi-même, qui anéantit le sentiment de la » religion; en un mot, qui a faict plus de dégât en France par ses » bouffonneries que Calvin par ses nouveautez. »

Voici l'appréciation curieuse qu'en a faite Charpentier.

« La France possède tous les Démocrites, les Lucius et les Plautes » dans son Rabelais; et l'Antiquité n'a point de Rabelais dans ses Dé- » mocrites, dans ses Lucius et dans ses Plautes. (*Carpenteriana* , p. 188).

Voltaire qui n'avait pas un grand enthousiasme pour Rabelais, l'a pourtant assez bien jugé dans sa lettre à Madame la marquise du Deffant, du 13 octobre 1759.

« .... Le duc d'Orléans, régent, daigna un jour causer avec moi au » bal de l'Opéra ; il me fit un grand éloge de Rabelais; et je le pris » pour un prince de mauvaise compagnie, qui avait le goût gâté. » J'avais alors un souverain mépris pour Rabelais. Je l'ai repris de- » puis, et, comme j'ai plus approfondi toutes les choses dont il se » moque, j'avoue qu'aux bassesses près, dont il est trop rempli, une » bonne partie de son livre m'a fait un plaisir extrème. Si vous en » voulez faire une étude sérieuse, il ne tiendra qu'à vous; mais j'ai » peur que vous ne soyez pas assez savante, et que vous ne soyez trop » délicate. »

Je vais citer maintenant un passage de la *Notice sur Rabelais*, placée en tête de l'édition de Dentu, revue par M. Paul Lacroix, Paris, 1835. Ce passage, très-sagement écrit d'ailleurs, a l'avantage, je le crois du moins, d'exprimer l'opinion généralement admise aujourd'hui sur Rabelais et sur ses ouvrages.

« ... Il seroit (sic) presque ridicule d'insister sur le mérite d'un livre

» qui réunit le comique le plus vrai à l'érudition la plus profonde,
» d'un livre qui faisoit les délices de Molière et de la Fontaine, et où
» le lecteur le moins attentif peut retrouver à chaque page la trace des
» emprunts que ces deux grands écrivains n'ont pas dédaigné de lui
» faire. Pantagruel a donné lieu à bien des interprétations contradic-
» toires... Il est, du reste, bien difficile de déterminer ce qu'il peut y
» avoir de vérité historique mêlée à ces fictions grotesques. Ce que les
» commentateurs ont dit de plus positif au sujet de Rabelais, c'est
» que sa bonhomie n'étoit qu'un masque à l'aide duquel il put impu-
» nément bafouer tout ce que vénéroit son siècle: car il vivoit dans un
» temps où les moindres erreurs en matière de foi étoient souvent
» punies par le feu, et où la vérité hardie n'étoit guère tolérée qu'en
» passant par la bouche des fous. »

Il serait complétement inutile de rechercher, car la chose importe
peu, quelle est l'édition de Rabelais, dont les inquisiteurs de Toulouse brûlèrent dix exemplaires. Mais si, par hasard, ce fut: *Le tiers
livre des faictz et dictz héroïques du noble Pantagruel*, imprimé à Toulouse, en 1546, par Jean Fornier, cela nous expliquerait pourquoi ce
tiers livre est devenu si rare aujourd'hui.

Un Décamberon de Boucace.

Deux Bigarrures des Accords.

57. Deux Agrippa : de la vanité des sciences.

On connaît deux traductions françaises de l'ouvrage d'Agrippa,
l'une de Gueudeville et l'autre de Louis Turquet. Cette dernière qui
a pour titre : *Déclamation sur l'incertitude, vanité et abus des sciences,*
Paris, 1582, in-8°, a été faite sur une édition latine plus complète
que celle dont s'est servi Gueudeville.

Une autre édition intitulée : *Paradoxes sur l'incertitude des sciences,*
a paru en 1617, à Paris. Elle est de format in-12.

Le livre d'Agrippa se trouve dans tous les *In lex libr. prohib.*, mais
j'y ai vainement cherché le nom des traducteurs de son œuvre.

58. Ung les Pseaumes de David en françois.

Une traduction des Psaumes par Cl. Marot et Th. de Bèze, probablement. Peut-être celle de Metezeau, dont j'ai déjà parlé, et qui fut
brûlée comme celle-ci, du reste, par les inquisiteurs de Toulouse?

Adagia Erasmi.

Histoire macaronique.

59. Deux corpus canonicorum , in 4º.

Peut-être le *corpus juris canonici* des frères Pithou?

60. Gregorii Nanzianzeny (sic) opera. A Genève, supposé Antuerpiæ.

Cette édition des œuvres de Grégoire de Nazianze, imprimée à Genève, supposé Anvers, existe-t-elle? Je l'ignore. Ce que je puis affirmer, c'est qu'elle n'a pas été signalée par les nombreux bibliographes que j'ai feuilletés. Brunet dit : « La première édition de ce Père est celle de Bàle , *Hervigius* , 1550, in-fol., en deux parties, l'une pour le grec et l'autre pour le latin. »

On trouve dans la *Nouvelle biogr. génér.* un excellent article, de M. Aubé, sur Grégoire de Nazianze ; la partie bibliographique , qui l'accompagne, est signée, G. Br...t. Elle est courte, mais fort précise ; elle a dû provoquer des recherches qui auraient infailliblement amené la découverte de l'édition de *Genève , supposé Anvers*, si cette édition eût existé.

Les scribes ou les greffiers de l'inquisition ont-ils commis une erreur, et écrit *Genève*, au lieu de *Bàle?* Cela est possible, car ces deux provenances étaient également suspectes au S. Office.

Les *Index libr. prohib.* sont muets sur cette édition.

Inventaire de Serres.

61. Six maximes générales des François à Saumur.

Lexicon Scapulæ.

Le mépris du monde , v. f. 27.

Et de là nous serions à l'instant transporté à la boutique de Me Pierre Camuzat, dict Carles, marchant libraire, scise (sic) à l'entrée de la grand porte du Palais, de laquelle aurions prins et emporté les livres suivants.

62. Observations diverses sur la stérélité.

Ce livre, que j'ai vainement cherché dans les bibliographies médicales , et qui ne se trouve même pas mentionné dans la longue liste des ouvrages relatifs à *la stérilité,* que renferme le grand *Dictionnaire des sciences médicales*, ce livre, dis-je, est de Jacques Ferrand, l'auteur de *la Maladie d'Amour*, *ou Mélancholie érotique*.

Voici dans quels termes, Jacques Ferrand, à la p. 217 de la seconde édition de sa *Mélancholie érotique*, Paris, Denis Moreau, 1623, signale ce volume saisi chez les libraires de Toulouse : « Or si vous voulez » sçavoir les remèdes propres à rendre l'homme viril et la femme fé- » conde, lisez nostre *discours de la stérélité.* »

Ce passage ne se trouve pas dans la première édition de *la Maladie d'amour*. Cette édition parut à Toulouse, en 1610; l'inquisition en rechercha scrupuleusement les exemplaires et en défendit l'impression et la vente, sous les peines les plus sévères (1).

A quelle époque les *observations sur la stérélité* furent-elles impri- mées ? Je l'ignore, et personne, que je sache, n'a signalé encore ce rarissime livret. Il est pourtant très-probable qu'il a été imprimé à Toulouse, quelque temps après *la Maladie d'amour*, mais très-certaine- ment avant 1620, époque où il fut saisi par les inquisiteurs, circons- tance qui n'a pas peu contribué à le rendre introuvable aujourd'hui.

Les observations sur la stérilité, pas plus que la *Maladie d'amour ou Mélancholie érotique*, n'ont été à Rome l'objet de la censure de la S. Congrégation de l'*Index*.

63. Présent Royal de Jacques premier , Roy d'Engleterre (*sic*).

C'est la traduction française d'un ouvrage qui, après avoir eu dans le temps, dit Brunet, une grande célébrité, ne conserve plus aujour- d'hui qu'un intérêt historique.

L'édition originale anglaise parut à Edimbourg en 1604, de format in-8°. Voici le titre exact de la traduction française : Βασιλικόν Δῶρον, ou présent royal de Jacques Ier, roy d'Angleterre, au prince Henry son fils , contenant une instruction de bien régner, trad. de l'anglois (par Jean Hotman de Villers). *Paris, Guill. Auvray*, 1603; pet. in-8°.

L'édition en latin se trouve dans tous les *Index lib. prohib.*

Les inquisiteurs de Toulouse brûlèrent ce livre, et ils eurent tort, cela est hors de doute ; mais que dirons-nous de Jacques Ier, qui , vers la même époque, poursuivait avec acharnement les ennemis de son culte, et qui les faisait brûler impitoyablement !

(1) V. *la Notice biograph. et bibliograph. sur Jacques Ferrand*, dans les *Mém. de l'Académie des sciences, inscrip. et belles-lettres de Toulouse*, 7e série , t. ι, pag. 297 et suiv.

Gabriel Peignot, après avoir cité l'écrit violent lancé par Reboul, en 1606, contre Jacques Ier, raconte : « que le pape ordonna le sup-
» plice de cet écrivain furieux, comme coupable d'avoir violé la
» majesté royale en la personne du roy Jacques. On ne sait pas ce qui
» a pu porter le pape à s'intéresser de la sorte pour un prince qu'il
» regardait comme hérétique. Je crois que c'est parce que ce faible
» monarque, plutôt pédant que roi, flattait le pape quand il en avait
» besoin. »

64. Cinq satyres de Regnier.

On a imprimé et réimprimé, fort souvent, au commencement du xviie siècle, les Œuvres de Regnier. Les principales éditions qui parurent à cette époque sont celles de *Paris, Touss. de Bray*, 1608, in-12 ; *ibid.*, 1609 ; *Paris et Rouen*, 1613, 1614, etc.

J'ai inutilement cherché le nom de Mathurin Regnier dans les *Index lib. prohib.* de 1619, 1664, 1767, 1604, 1758 et 1819.

Les inquisiteurs de Toulouse, qui ont brûlé ses Œuvres, se sont donc montrés plus royalistes que le roi !

Discours d'estat de paix et de guerre de Machiavel.

65. La Magie naturelle de Jean-Baptiste de Porta.

C'est la traduction du livre de Porta : *Magiœ naturalis libri* xx, souvent imprimé au xvie siècle. La première édition est de 1558.

« La Magie naturelle (en quatre livres) a été traduite en françois par un anonyme, Lyon, Jean Martin, 1565, pet. in-8° , réimprimé à Poictiers, 1567 ; à Paris, 1570 et 1584, et plusieurs fois à Rouen aussi, *avec l'introduction à la belle magie, par Lazare Meyssonnier,* *et divers secrets de Toussainct Bourgeois et Est. Telam*, Lyon, V. de Cœursilly, 1659, in-12. »

La cour de Rome s'imaginant que de Porta s'occupait de magie, lui défendit expressément de tenir des assemblées. Ce qui le rendit principalement suspect, c'était la réputation qu'il avait acquise par quelques prédictions *qui, dans l'événement, se trouvèrent si justes,* fait observer un auteur, *qu'elles pouvaient servir, en quelque sorte, à* *l'apologie de l'art divinatoire.*

Le livre de Porta ne fut pas brûlé à Toulouse. On le trouve pourtant dans quelques *Index* de livres prohibés.

Deux inventaire général de Serres,

66. Maximes de l'état militaire et politique de Deymier.

67. Deux Casauboni de rebus sacris.

Voici le titre de ce livre : Js. Casauboni de rebus sacris et ecclesiast. exercitationes XVI, ad Card. Baronii prolegomena in annales. *Lond.* 1614, ; in-fol., réimprimé à *Francfort*, 1515 et à *Genève*.

On ne le trouve que dans les *Index* de 1758 et de 1819. Le décret de la Congrégation romaine porte la date de 1624, et la classe des livres prohibés à laquelle il doit appartenir n'est pas indiquée.

Les inquisiteurs de Toulouse, qui l'ont brûlé en 1619, auraient-ils les premiers appelé l'attention sur les hérésies de première classe, dont, suivant la sentence exécutée, il aurait été entaché ?

DE LA BOUTIQUE DE Me CONTE, AU PALAIS.

Trois satyres de Regnier reliées

Deux du Barthas reliés.

Adagia Erasmi, in-fol. relié.

Tous lesquels livres auroient été apportés en nostre susdite maison du cloistre Sainct-Estienne, sauf et excepté le Mattheus Wesembesius in Pandectas de la boutique de Mareschal, et Prières chrestiennes et catholiques de la boutique de Pierre Deldaux, lesquels avons laissés pour relier. Et le lendemain, neufiesme dudict moys de novembre, avons distribué partie desdits livres à divers docteurs, pour être examinés en la forme susditte et partie aussi envoyée au R. P. inquisiteur, pour les susdits examiner, qui les auroit distribués à personnes de qualité requise en son dit couvent.

Signé : RUDÈLE, vicarius generalis.

Fr.-Pierre GIRARDEL, inquisiteur.

NUEL, secrétaire.

Voici maintenant la liste des livres qui ne se trouvaient plus chez les libraires lors des dernières visites, et que j'ai relevée dans l'*état des livres remarqués chez les libraires de Toulouse, que le vicaire et l'inquisiteur avaient déjà retenus* le 7 du mois de novembre.

68. Speculum vitæ Christianæ.

Ce livre m'est tout à fait inconnu. Le *de Vitâ Christianâ* de **Calvin** s'en rapproche par le titre, mais les inquisiteurs ayant fait grâce au *Speculum vitæ Christianæ*, je ne crois pas à l'identité de ces deux ouvrages.

Il se pourrait, du reste, que le secrétaire du S. Office eût mis *Christianæ* pour *humanæ* : tout s'expliquerait alors.

69. Biblia hebraica Ariemontani.

C'est la Bible Pagnini : *Cura et studio Benedicti Ariæ Montani* ; tirage à part du 7ᵉ vol. de la Polyglotte d'Anvers ; chez Plantin, 1569-73, et réimprimé à Genève en 1609.

Les *Index* citent la *Polyglotte de Valton*, mais ils sont muets sur celle de *Pagnini*.

70. La Sagesse de Charron.

L'édition de ce livre, saisie chez les libraires de Toulouse en 1619, était probablement celle de *Bourdeaux ; Millanges*, 1601, in-8°.

Il y avait, dans cette première édition, quelques expressions hardies qui firent impression dans le public. La Sorbonne censura le livre; » mais, dit un bibliographe, le président Jeannin, à qui l'on confia » cette affaire, dissipa l'orage, et dit qu'il fallait permettre la vente de » ce livre, *comme d'un livre d'état.* »

Le P. Garasse n'en a pas moins jeté feu et flamme contre Charron, qu'il met au rang de Théophile et de Vanini.

Les *Index* le signalent sans indiquer la classe des livres prohibés à laquelle il appartient. L'*Index* de 1819 nous donne ainsi la date du décret de la Congrégation romaine : décr. 16 décembre 1705. Celui de 1704 cite le titre du livre en latin : *De sapientia libri tres. Authore Petro Charron Parisino.* I. V. D. (Juris utriusque doctore.)

71. Sckendininus (sic) super instituta.

Ce nom, que j'ai cherché en vain dans toutes les biographies françaises , dans Peignot, dans Dupin , etc., je l'ai trouvé dans les *Index libr. prohib.* de 1667, de 1704 et de 1758. Voici l'article qui le concerne : *Schneidewinus (Joannes) super instituta , commentaria , seu annotationes , nisi corrigatur.*

L'*Index* de 1758 , ajoute : *Et commentarii in quatuor libros institutionum juris civilis Justiniani , donec corrigatur.*

72. Loci communes Valeriolæ

S'il faut en croire Eloy (*loc. cit.*) *Valleriola* s'appelait tout simple-plement *Variola* ; mais comme il était d'une fort petite stature, on appliqua à son nom la règle des diminutifs, et on l'appela *Valleriola*.

« Assez souvent , dit Eloy , ces petites figures , à qui la nature a
» refusé toute la matière qu'il faut pour former un corps d'une éten-
» due proportionnée à leur âge , ont l'esprit vif et pénétrant; Valle-
» riola était doué de cet avantage. »

Ayant enseigné la médecine avec succès à Valence en Dauphiné , il vint à Turin « et il y remplit une des premières chaires de la Faculté ,
» avec tant de réputation qu'on chercha à le fixer dans cette capitale
» par des appointements considérables. »

Parmi les nombreux ouvrages de Valleriola, dont Eloy nous donne le titre , j'ai relevé celui du livre saisi par les inquisiteurs, chez les libraires de Toulouse, le voici :

Loci communes tribus libris digesti. Lugd., 1562, in-12, 1589, 2 vol. in-8. Venetiis, 1563, in-8, GENEVÆ, 1604, in-8. J'ai souligné, à dessein, le mot GENÈVE, parce qu'à mon sens, il renferme, à lui seul, le crime d'hérésie reproché à l'auteur des *Loci Medicinæ communes.*

Je crois devoir prévenir les curieux qu'ils ne trouveront le nom de Valleriola, ni dans *Delandine*, ni dans *Peignot*, ni dans la *Nouv. Biogr. génér.*, etc. Il se trouve dans la dernière édition de la *biographie Michaud.*

Le *Catalogue Falconet* , n° 4,926, renferme un exemplaire de l'édition de Lyon , 1562 , dont le format serait in-fol.

Les *Index libr. prohib.* signalent plusieurs ouvrages ayant pour titre : *Loci communes,* mais ils sont muets sur celui de *Valleriola*; cependant comme le nom de *Valleriola* n'accompagne pas toujours le titre de son livre dans l'indication des différents exemplaires saisis chez les libraires de Toulouse , je m'étais déjà lancé dans le champ des suppositions , lorsque, heureusement, le hasard mit sous mes yeux le n° 4,926 du *Catalogue Falconet*.

73. Suetonius Casauboni.

Voici le titre du livre saisi ; je l'ai relevé dans l'*Index libr. prohib.* de Genève, 1619 : *Ex ejusdem Isaaci Casauboni animadversionibus in C. Suetonij Tranquilli de duodecim Cæsaribus, libros octo*, apud Jacobum Chouet, 1595. Je crois devoir ajouter la remarque qui suit ce titre : *In libri inscriptione*, post illud, *Isaacus Casaubonus, adde*, *auctor damnatus*, et post illud, *animadversionum libros adjecit, prohibitos, cum expurgatione tamen permissos*. Suit la mention de dix-huit passages que l'on devra retrancher.

74. Hotomani opera.

On a réuni presque la totalité des œuvres d'Hotman en trois volumes in-fol. *Impressum Aureliæ - Allobrogum* (Genève), *Vignon, 1599-1601*.

Tous les *Index libr. proh.* signalent les divers ouvrages de François Hotman.

Personne n'ignore que Fr. Hotman, né à Paris, en 1524, y exerça, jeune encore, la profession d'avocat, et qu'il professa un cours libre de Droit romain à l'Université de Paris. C'est peu de temps après, vers 1546, qu'il embrassa la réforme.

On sait aussi, maintenant, qu'il est l'auteur de l'*Epître envoyée au tigre de France*, pamphlet virulent, dirigé contre le cardinal de Lorraine, après la conspiration d'Amboise.

75. Figures de la Bible.

Brunet cite plusieurs éditions des figures de la Bible, imprimées à Lyon, en 1570 ou en 1582.

L'absence d'indications ne m'a pas permis de reconnaître celle de ces éditions qui fut saisie chez les libraires de Toulouse.

Tous les *Index lib. prohib.* signalent ces figures de la manière suivante : *Collectio figurarum sacræ scripturæ*, et ils ajoutent : *nisi expurgetur*.

Est-ce le texte ou les figures qu'il fallait expurger ?

76. Les heures divines et salutaires.

Des heures protestantes, peut-être? J'ai relevé dans plusieurs *Index*
le titre suivant : *Calendrier des heures à la Janséniste.*

77. Vita Leonis papæ.

C'est, je le crois du moins, la vie de Léon X, par Paul Jove, que
les inquisiteurs saisirent. En voici le titre :

De vita Leonis decimi Pont. Max. libri IIII. *His ordine temporis
accesserunt Hadriani Sexti Pont. Max. et Pompei Columnæ cardinalis,
vitæ a Paulo Jovio conscriptæ,* Florentiæ, ex officina Laur. Torrentini,
1548, in-fol.

Les *Index* sont muets sur le livre de Paul Jove. Bayle en a signalé
quelques passages qui expliqueraient peut-être pourquoi le livre **fut**
saisi.

78, De Judiciis nativitatum à Joannes Sesando.

J'ai trouvé, dans l'*Index libr. prohib.* de 1667, et dans celui de
1704, un titre qui se rapproche beaucoup de celui que je viens d'ins-
crire en tête de cet article, le voici : *De Judiciis astrorum de Joannis
Saxonis.*

Quant au nom de *Sesando*, que je n'ai trouvé nulle part, c'est très-
certainement un nom estropié par le secrétaire du S. Office.

79, Nicolaus Clemangis.

Cleminges, Clemenges ou Clemangis (Mathieu-Nicolas de), théo-
logien français, des XIVe et XVe siècles; l'élève et presqne l'émule de
Gerson. Il se distingua surtout dans l'éloquence et la poésie.

« C'était, dit Cave, un homme d'une piété sincère, un écrivain
» d'une élégance au-dessus de son siècle. Intrépide censeur des mau-
» vais princes, il ne se montra pas moins sévère pour l'ambition et les
» vices des Papes, l'avarice et le luxe des ecclésiastiques, la paresse
» et les débauches des moines... Il avait, comme Gerson, le désir
» d'une réforme modérée qui aurait prévenu les déchirements de
» l'Eglise au XVIe siècle. » (*Nouv. biogr. gén.*).

J'ignore quel est celui des nombreux ouvrages de Clémangis qui fut
saisi, et les *Index libr. prohib.*, que j'ai consultés à ce sujet, n'en

spécifient aucun isolément. L'Index de 1704 m'a fourni le titre suivant : *Nicolai Clemangis opera illa tantummodo permitti poterunt ,
quæ juxta censuras patrum deputatorum emendata excudentur.* Je
pense pourtant que le livre, dont je vais citer le titre, pourrait bien être
celui sur lequel les membres de la Commission toulousaine de l'*Index*
avaient mis la main : Clemangiis (*Nicolaus* de). *De corrupto ecclesiæ
statu liber unus , nunc denuo editus stud. Joh. a Fuchte:* Helmestadii ,
1620 , in-8°.

Cette édition passe pour être plus ample que les éditions qui l'ont
précédée.

80. Manuel de Terepas (sic). Le dernier mot est à peu près illisible,

81. Penser (sic) de divinatione,

Peucer (Gaspar), médecin et mathématicien célèbre, né à Bautzen,
en 1525 ; il fut l'ami de Mélanchton, dont il épousa la fille.

» Il fit imprimer . dit Eloy (*loc. cit.*) , en 1565 , à Wittemberg, un
» cinquième livre de la *Chronique de Carion*, pièce pleine d'emporte-
» ment contre l'Eglise romaine et son chef. Il n'est point étonnant que
» ce médecin se soit fait un devoir de mettre au jour un ouvrage aussi
» scandaleux ; ayant hérité du génie violent et impétueux de Luther... »

Il fut retenu dix ans prisonnier par Auguste, l'Electeur de Saxe,
parce qu'il s'efforçait de publier la doctrine des sacramentaires. On
raconte que, manquant d'encre et de papier dans sa prison, il écrivait
ses pensées sur les marges de quelques livres qu'il possédait, et qu'il
faisait de l'encre avec des croûtes brûlées et détrempées dans du vin ou
de la bière.

Voici le titre du livre saisi par les inquisiteurs : *De præcipuis divina-
tionum generibus ,* Wittemberg , 1553 , in-4°. Cet ouvrage fut traduit
en français par Simon Goulard, sous le titre *des Devins,* ou *Commentaires des principales sortes de divination : distingué en quinze
livres esquels les ruses et impostures de Satan sont découvertes,* par
Gas. Pecer..., tourné en françois, par S. G. S. (Simon Goulard, Sen-
lisien). Anvers , 1584, in-4°.

Tous les *Index* portent cette désignation : *Peucerus Budissimus* (de
Bautzen), 1 *cl. Ind. Trid.*).

82. Histoire de la nouvelle France.

83. Historiæ Wuarii (sic), pour Thuani.

Quelle est l'édition de de Thou qui fut saisie chez les libraires de Toulouse ? Est-ce celle de 1609 ? ou celle de Paris, Drouart, 11 vol. in-12, et imprimée de 1609 à 1614 ? Je l'ignore.

Il existe bien encore une édition complète de l'*Histoire de de Thou*, en 5 vol. in-fol., imprimée à Genève, chez de la Rovière, mais comme elle n'a été imprimée qu'en 1620, toute remarque, à ce sujet, devient inutile.

L'*Histoire de de Thou* est ainsi mentionnée dans les *Index* de 1667 et de 1704 : *Jacobi Augustini Thuani historiæ*, sans indication du genre de prohibition qu'elle a encourue.

84. Variæ practibilium rerum resolutiones.

85. Janus Gallicus per Nostradamum.

Possédant un exemplaire du livre saisi par les inquisiteurs de Toulouse, il m'a été facile de le reconnaître, malgré le titre défectueux sous lequel il est annoncé.

Ce livre est tiré des *Centuries de Michel de Nostredame*, mais Nostredame n'en est pas l'auteur.

Quoi qu'en aient dit plusieurs bibliographes, je pense qu'il parut, en même temps, en latin et en français, dans l'édition dont je vais donner le titre complet, et que plus tard, les deux textes furent publiés séparément.

Voici d'abord le titre général du volume : «La première face du Janus françois, contenant sommairement les troubles, guerres civiles et autres choses mémorables aduenuës en la France et ailleurs dès l'an de salut M. D. XXXIIII, jusques à M. D. LXXXIX, fin de la maison Valesienne.

Extraite et colligée des centuries et autres commentaires de M. Michel de Nostredame, etc.

Le tout fait en françois et latin pour le contentement de plusieurs, par Jean Aymes de Chavigny Beaunois. *A Lyon, par les héritiers de Pierre Rovssin.* 1694, in-4º. »

Au verso du 35° f., après les liminaires, p. 36 (1), le titre français
est reproduit et, au *recto*, p. 37 du f. suivant, se trouve, en regard, le
titre latin : *Jani Gallici facies prior, nostratem huius temporis historiam complectens non modo, sed et exteram ab anno domini* 1534, *ad
annum* 1589, *quo cecidit domus Valesia.*

Les deux textes courent ainsi jusqu'à la fin du volume. La version
latine a été réimprimée plusieurs fois. On cite, notamment, l'édition
de Lyon, 1704, *cum notis Amati Charigny.* in-4°.

L'*Index libr. prohib.* de 1704 signale, de la manière suivante, le
livre d'Aymes de Chavigny : *Amati lusitani centuriæ, donec expurgentur.*

86. Flores biblicæ à Genève impressus.

87. Corpus canon.

C'est le *Corpus juris canonici* de Pierre Pithou, traité qu'il composa
en collaboration avec son frère François.

Les bibliographes que j'ai sous la main, ne citent que l'édition de
1687, et je n'ai pas pu retrouver la date de l'édition du *Corpus juris
canonici,* saisie chez les principaux libraires de Toulouse.

Ai-je besoin de rappeler que la date de la saisie, et celle de la mort
des frères Pithou, prouvent surabondamment que l'édition de 1687
n'était pas la première.

Les *Index libr. prohib.*, ne citent pas le *Corpus* de Pierre Pithou;
mais j'ai relevé, dans celui de 1704, l'article suivant concernant un
autre de ses ouvrages : *Opuscula duo cujusdam authoris de libertate
ecclesiæ Gallicanæ inserta operibus Petri Pithæi.*

88. Un Dictionnaire de Théologie.

Quid? ce livre fut brûlé.

89. Enchiridion Leonis papæ.

Voici le titre de cet ouvrage que l'on classe parmi les livres de

(1) La pagination commence au 17° f. avec le **Brief *discours sur la vie de Michel
de Nostredame.***

cabale et de magie ; je le copie dans l'*Index* de 1758 : *Enchiridion cui titulus* : Hoc in Enchiridio manualive, pie lector, proxime sequentia habentur septem psalmi Pænitentiales, oratio devota Leonis papæ, aliquot item orationes adversus omnia mundi pericula. *Decr. 9 septemb·* 1688.

Il existe des éditions de Lyon , 1601, 1607, et c'est probablement l'une d'elles que les inquisiteurs saisirent chez les libraires de Toulouse.

La traduction suivante, attribuée par Verdier à François de Taboet, a été plusieurs fois imprimée à Lyon au xvie siècle : *Manuel ou inchiridion de prières contenant les sept pseaumes penitentiaux, diverses oraisons de Léon pape et plusieurs oraisons contre le péril du monde.* Lyon, 1584, in-24.

Cet ouvrage n'est pas signalé dans tous les *Index*. Ceux de 1619 de 1664 et de 1667, ne le portent pas.

Les inquisiteurs de Toulouse qui l'examinèrent en 1619, furent-ils es premiers à le considérer comme un livre dangereux ?

90. Memoriale Republicum Gregorii Wirth. Quid ?

CONDAMNATION ET BRULEMENT DE DIVERS LIVRES

Par ordre des vicaires généraux et de l'inquisition
du 12 novembre 1619.

Ce jourdhuy douziesme novembre mil six cents dixneuf, nous Antoine Debugis, prestre et docteur en théologie, commissaire député par M Mre Jean de Rudèle, prestre, docteur en droit, chanoine théologal de l'église Sainct Estienne de Tholose et vicaire général de Messire Louis de la Valette, archevesque dudit Tholose, aurions prins de la

maison que le sieur de Rudèle a au cloistre Sainct Etienne, du mandement du dit sieur de Rudèle, les livres suivants prins et retirés de diverses boutigues (sic) et magazins des libraires de Tholose par la visite
faite en iceux sçavoir :

*Un novum Testamentum cum additionibus Casauboni, cinq Molinæus
de Usuris, un dictionnaire en théologie, un thesaurus bellicus, un Marcellus Palingenius, cinq Satyres de Regnier, deux Casaubon de rebus
sacris, quatre discours d'estat de paix et de guerre de Machiavel, un
présent royal de Jacques premier roy d'Angleterre, deux Agrippa de la
Vanité des sciences, deux decamberon de Boucace, dix Rabelais, sept qua-
triesmes tomes de l'Académie françoise, trois histoires macaroniques de
Rabelais, deux œuvres de Clément Marot, deux discours politiques de
la Noue, un flores doctorum, trois Molinæus in regulas cancellariæ,
trois tomes de l'histoire des Pays-Bas, un modus orandi d'Erasme, un
Postilla evangeliorum, un Lambertus Volfangus in Psalmos, un discours d'Estat de l'Eglise despuis les Apostres jusqu'à présent.*

Et iceux aurions fait transporter au lieu de l'inquisition, où estant
et avec le R. Père Gousène, et Père Nicolas Ausone, prestre religieux
de l'ordre de Sainct Dominique, députés par le R. Père inquisiteur
vicaire général de la réformation de Sainct Dominique, avons procédé
à la suppression d'iceux, et avons iceux fait brusler suivant la déclaration prinse jour d'hier dans la maison du dit sieur de Rudèle, vicaire
général, avec le R. Père inquisiteur et docteurs assemblés, icelle delibé-
ration mise en nos mains. Signé : Rudèle vicaire général, F. Pierre
Girardel inquisiteur, Nuel secrétaire.

En foy de quoy nous sommes soubssignés avec lesdits Révérens Pères
Pierre Gouzène et Nicolas Ausone.

> Debugis Ptre.
> F. Nicolaus Ausonius.   } Signés.
> F. Gouzene.

Ce jourdhui dixneuviesme decembre mil six dixneuf (sic), nous
Anthoine Debugis, prestre et docteur en théologie, commissaire deputé
par M. M⁰ Jean de Rudèle, prestre docteur es droicts, chanoine théologal de leglise de Sainct Estienne de Tholose, et vicaire général de
Messire Louis de la Valette archevesque du dit Tholose, aurions prins
de la maison que le dit sieur de Rudèle a au cloistre Sainct Estienne
les livres suivans, prins et retirés de diverses boutiques et magasins
des libraires de Tholose, par la visite faite en iceux scavoir un « *Flores*

doctorum » imprimé à Genève en blanc, un « discours d'Estat de Machiavel », un « paradoxe d'Agrippa sur l'incertitude et vanité des sciences,» un « Annales rerum Anglicarum Guillermus Cambdenus, » autre « rerum Anglicarum henrico, » un « Memorial Republicum Gregorii Wirth », un « Nicolai Clemangis opera et analecta Joannis Lidii, » un « colloquia Martini Corderi, » un « libelli aliquot formandis moribus Juvenum Joannis Carpentii, » deux « demonomanie » de Bodin, quatre « bigarrures du Seigneur des accords», »un «Psaumes de David tournés en françois, » et iceux aurions fait transporter au lieu de l'inquisition, ou estant et avec le R. Père Gousène et R.P. Nicolas Ausone prestres religieux de l'ordre de Sainct Dominique, deputés par le R. P. Inquisiteur, vicaire général de la réforme de l'ordre de Sainct Dominique, aurions procédé à la suppression d'iceux, et aurions iceux fait brusler suivant la délibération prinse le dix septiesme du dit mois en la maison dudit sieur de Rudèle, vicaire général, avec le dit R. Père inquisiteur et docteurs assemblés, icelle délibération mise en nos mains. Signé : Rudèle vicaire général. F. Pierre Girardel inquisiteur et Nuel secrétaire. En foy de quoy nous somes signés avec les dits R. P. Dominique Gousène et Nicolas Ausone.

Debugis prestre, F. Nicolaus Antonius, F. Gousène.

Toulouse, Impr. Louis & Jean-Matthieu Douladoure.